Kuchnia

PODRÓŻE KULINARNE

JAPOŃSKA

TRADYCJE SMAKI POTRAWY

TESTOWANE · POTRÓJNIE ·

W TESTACH KULINARNYCH „AUSTRALIAN WOMEN'S WEEKLY"

SPIS TREŚCI

Stół zwierciadłem historii i pór roku

NOWOCZESNOŚĆ POZOSTAJĄCA W SYMBIOZIE Z TRADYCJĄ TO JEDNA Z CECH WYRÓŻNIAJĄCYCH JAPONIĘ, TAKŻE NA KULINARNEJ MAPIE ŚWIATA. DRUGĄ JEST SILNY ZWIĄZEK TEGO KRAJU Z MORZEM. TRZECIĄ – SZCZEGÓLNY WPŁYW TRADYCJI I FILOZOFII NA SPOSÓB ODŻYWIANIA. TE CECHY DECYDUJĄ O ODRĘBNOŚCI I NIEZWYKŁOŚCI JAPOŃSKIEJ KUCHNII.

Japończycy to wyspiarze i od zawsze korzystali z darów morza.

Sklepikarze zaopatrują się w ryby na wielkich targowiskach.

Trzy style Nipponu

Skąd wzięła się nazwa kraju - Nippon, czyli *Kraj Wschodu Słońca*, jak określił Japonię Marco Polo, najwybitniejszy XIII-wieczny europejski podróżnik. Zapewne wpływ na to skojarzenie miało usytuowanie japońskich wysp lub kult, jakim ich mieszkańcy otaczali boginię słońca. Jej potomek był legendarnym władcą tej krainy. Od najdawniejszych wieków podstawą japońskiej kultury były skromność i prostota - *wabi* i *sabi*. Zasady te, obowiązujące do dziś także w kuchni i jadalni, wyróżniają Japonię spośród innych kultur azjatyckich. Ale czy tak było zawsze?

Do końca epoki Edo, w której Japonią rządzili szoguni z rodu Tokugawa - nieprzerwanie od 1603 do 1868 r. - istniały obok siebie dwa nurty w kuchni japońskiej: *nihon ryōri* (japońskie dania) oraz *shippoku ryōri* (chińskie dania). Przed Edo z Japonią handlowali Holendrzy i Portugalczycy. Odkąd w 1639 r. szoguni zamknęli granice, i to zarówno dla przyjezdnych, jak i towarów, handlem zagranicznym zajmowano się w wydzielonych faktoriach.

Wreszcie w 1853 r. rząd USA, szukając nowych rynków zbytu, wysłał do Japonii wojskową ekspedycję pod dowództwem Matthew Perry'ego z propozycją udostępnienia Amerykanom jednego-dwóch portów i utworzenia w nich amerykańskich baz handlowych. Szogun nie wyraził wówczas na to zgody. Kiedy rok później Perry powrócił na czele ekspedycji amerykańskich okrętów wojennych - ustąpił. Zgodził się na zawarcie traktatu pokojowego w Kanagawie. W ten sposób zakończyła się izolacja Japonii. Wkrótce potem podobne układy zostały zawarte z Wielką Brytanią, Rosją, Francją i Holandią.

Ostatecznie w roku 1868 Japonia otworzyła się na świat, a wtedy popularność zaczął zyskiwać trzeci styl - *yōshaku*, czyli kuchnia europejska.

Wschód i Zachód

Rudyard Kipling, znakomity angielski pisarz, znawca Orientu, stwierdził: *Wschód jest Wschodem, Zachód Zachodem i nigdy się nie spotkają.* Ale czy takie spotkanie jest potrzebne? Czy nie można z szacunkiem i życzliwością przyglądać się swoim obyczajom, dzieląc smakami? Janina Rubach-Kuczewska o swoim życiu w Kraju Kwitnącej Wiśni napisała: *Przebywając dłużej w Japonii, szybko rezygnuje się ze schematycznych zestawień starego z nowym, tradycji z nowoczesnością, kimona z dżinsami, życia na klęczkach z powszechnością motoryzacji, medytacji w świątyni zen z oszołamiającym tempem życia wielkomiejskich aglomeracji. Właśnie na tym polega wyjątkowość tego społeczeństwa, że w pewnych dziedzinach nade wszystko ceni ono i umie zachować harmonię między przeszłością a teraźniejszością.* Taka postawa szczególny wyraz znajduje

Najpopularniejsze w Japonii są grzyby shiitake.

w obyczajach kulinarnych. Świat przygląda się im dzisiaj z zaciekawieniem. Kuchnia Japonii okazała się interesująca nie tylko ze względu na egzotykę, elegancję i estetykę, ale także z powodu swoich walorów odżywczych.

W Japonii zachował się znany do wieków zestaw produktów, stosowane są te same sposoby ich obróbki, przyprawiania, a nawet podawania. Odżywiano się powszechnie zbożami – podstawą był oczywiście ryż – soją i warzywami, ale także wszelkimi owocami morza i roślinami morskimi. Ponad dwa tysiące większych i mniejszych wysp, połączonych w jeden twór o nazwie Japonia, musiało się nauczyć korzystania z darów otaczających je wód. *Je się tu wszystko, co pływa w wodzie i nosi wspólną nazwę sakana – od sałatki z pokropionych octem ośmiornic po krwiste mięso wielorybów, przypominające połcie wołowiny* – pisze Rubach-Kuczewska.

PRZEZ WIEKI JAPOŃCZYCY IZOLOWALI SIĘ OD RESZTY ŚWIATA.

Najpopularniejszym mięsem jest wołowina. Musi być w najlepszym gatunku.

RACZEJ RYBY, NIE MIĘSO

Ryby to mocna podstawa japońskiej kuchni. Oprócz nich na stołach goszczą ośmiornice, małże, ślimaki, krewetki i inne skorupiaki, kalmary, a także różne wodorosty. Są jadane na surowo albo po krótkiej obróbce. Tradycja spożywania nieprzetworzonych produktów morza jest bardzo stara. Ponieważ są surowe, muszą być bardzo świeże. Dlatego są kupowane codziennie, a ich nabywanie to tradycyjne misterium. Sklepów rybnych jest dużo i zwykle każdy ma swoich stałych klientów. Sklepikarze w świeży towar zaopatrują się na targach rybnych lub bezpośrednio u rybaków. Oczywiście z takimi tradycyjnymi sklepikami coraz częściej rywalizują dziś super- czy hipermarkety. Mięso zwierząt hodowlanych pojawiło się na japońskich stołach stosunkowo niedawno. Buddyzm zabraniał jedzenia mięsa. Taki obyczaj związany był z japońską religią i kulturą. Ten zakaz obowiązujący w całej Japonii zniesiono dopiero w XIX w.

Obecnie mięsa jada się w Japonii coraz więcej, choć wciąż nie tyle, ile na Zachodzie. Także i tu trafiły amerykańskie hamburgery. Najbardziej popularna jest w Japonii wołowina, choć spotyka się i wieprzowinę.

NA WSIACH TRADYCJA WCIĄŻ WYGRYWA Z NOWOCZESNOŚCIĄ.

Chętnie je się drób. Najdroższe mięso to wołowina ze specjalnie tuczonej rasy bydła z Kōbe. Trudno uwierzyć, że aby zaostrzyć zwierzętom apetyt, podawane jest im piwo. Ich mięso zyskuje wyjątkowy smak także dzięki ręcznym masażom. Nic dziwnego, że osiąga astronomiczne ceny.

Filozofia jedzenia

Kuchnia japońska słynie nie tylko z oryginalnych dań, ale przede wszystkim ze sposobu ich podawania. Japończycy uważają, że to, co znajduje się na stole, ma cieszyć wszystkie zmysły – także zmysł wzroku. Każdy posiłek jest specjalnie zaaranżowany. Chodzi przy tym o to, że jedzenie powinno wywoływać także głębsze przemyślenia. Japończyk zastawiając stół, zastanawia się nad związkami podawanych produktów z przyrodą, z innymi ludźmi i z kosmosem.

Jedna z zasad, do których odniesienie jest niezbędne, to sezonowość produktów i samych potraw. Podchodzi się do niej z subtelnością i nie zawsze wprost. W myśleniu o komponowaniu posiłku i stołu można sięgać zarówno w przeszłość, zaznaczając to, co minęło, jak i w przyszłość, akcentując to, co ma nastąpić.

W symbolicznym języku potraw oraz ich aranżacji można wyrazić zarówno żal, jak i radość. Naturalne akcenty, związane z porą roku, wprowadzane są przez zastosowanie kompozycji z liści i kwiatów. Te dekoracje akcentują jednocześnie związek z naturą.

Same potrawy, ich składniki oraz dodatki są układane według zasad rządzących estetyką. Ułożenie potraw na stole zawsze stanowi przemyślaną ich kombinację. Dzięki temu jedzenie staje się czymś więcej niż tylko zaspokajaniem głodu.

Często przywoływane powiedzenie tak ujmuje różnicę w podejściu do żywienia Chińczyka i Japończyka:

Dania i dodatki układane są według stałych reguł.

Chińczyk, widząc coś, co rośnie lub się rusza, myśli, jak to przyrządzić, aby zjeść, Japończyk zaś – jak można zjeść to pięknie. Można to trawestować: jem, więc myślę.

Kaiseki-ryōri

To pełen wyrafinowanej elegancji zestaw tradycyjnych potraw, których styl podawania związany jest z mijającym czasem. Jest wyrazem szacunku dla przodków. Kolejność dań podawanych zgodnie z duchem *wabi* i *sabi* jest stała – obrazuje obecną chwilę. Celem uczestniczenia w tym szczególnym posiłku jest uzyskanie poczucia dotarcia do Prawdy, wewnętrznego ładu, wywołane dzięki prostocie i skromności potraw. Rok w Japonii dzieli się na dwa główne okresy: lato i zimę. Latem podaje się warzywa smażone na oleju i dodatki serwowane na lodzie oraz zimną herbatę. Zima natomiast to pora ryb i wszelkich darów morza. Dostrzega się także jesień i wiosnę. Jesienią spożywa się soję, jadalne kasztany, dynie i ziemniaki *imo*. Wiosną na talerzach pojawiają się warzywa i kwiaty. To czas kwitnących wiśni! Sezon spotkań *kaiseki-ryōri* rozpoczyna się jesienią, kończy zimą.

LISTOPAD–MAJ TO SEZON SPOTKAŃ PRZY ROZPALONYM OGNIU.

Czcigodny Biały Ryż

JAPONIA TO KRAJ PRODUKTÓW JADANYCH NA SUROWO. RYŻ JEST WYJĄTKIEM – MUSI BYĆ GOTOWANY. CHOĆ JEGO UPRAWA WYMAGA CIĘŻKIEJ PRACY, BIAŁE ZIARNO PRZEZ WIEKI STANOWIŁO PODSTAWĘ WYŻYWIENIA.

Jak chleb

W dawnych czasach Japończycy wierzyli, że sadzonka ryżu jest ucieleśnieniem bóstw. Do dziś sadzi się go i zbiera z zachowaniem specjalnej ceremonii. Jest podawany do każdego codziennego posiłku. Niegdyś był podstawą wyżywienia, głównym źródłem węglowodanów, dzisiaj jest raczej dodatkiem. Bywał i nadal bywa jedzony na śniadanie. Kończy też każdy posiłek. Nauczono się wyrabiać z niego trunek poświęcony bogom – wino ryżowe sake. Wytwarza się też słodkie wino ryżowe – *mirin*, a smakowym dodatkiem do wielu potraw jest ryżowy ocet.

Janina Rubach-Kuczewska wspomina śniadanie, które niezbyt przypadło jej do gustu – jest to *ukochane przez Japończyków danko – niezbyt gorący ryż, do którego wbijają jajko. W fasce tworzy się wtedy ciągnąca, rzadkawa masa bez smaku, ale sam jej wygląd wystarcza*. Ryż podawany do obiadu smakuje już lepiej. Posiłki są nazywane: „ryż poranny" – *asagohan*, „ryż południowy" – *hirugohan*, „ryż wieczorny" – *bangohan*. W Japonii ryż pełni funkcję chleba.

Na ciężkie czasy

Ryż uprawiano w Japonii od wieków. Znane są różne jego odmiany. Każda jest przeznaczona do innej potrawy. Wszystkie należą do gatunku o krótkich okrągłych ziarnach.

Uprawa ryżu, wciąż w całej Azji prowadzona tradycyjnymi metodami, jest ciężką pracą. Przysłowie mówi, że *jeden dzień opóźnienia w pracy na polu ryżowym to miesiąc kosztowania głodu*. Dlatego nie marnuje się żadnego ziarna. Ryż sadzony jest na wiosnę, o ściśle określonej porze, musi bowiem dojrzeć i być zebrany, zanim nastaną zimowe wiatry. Wymaga nawadniania i codziennej dbałości. Praca ta jest konieczna.

Biały ryż to najszlachetniejszy z gatunków traw. Został dokładnie opisany w książce „Ballada o Narayamie", górze z prowincji Shinsu. W czasie japońskiego święta zmarłych (*obon*) *ucztowano całą noc. Piło się samogon, spożywało do syta wszelkie płody wczesnej jesieni: górskie kasztany i dzikie winogrona, leśne żołędzie i cisowe orzeszki, a ponadto najcenniejszy ze wszystkiego – biały ryż. Biały ryż, czyli jak tu mówiono, Czcigodny Biały Ryż.* W okresie Edo władze zakazały chłopom jedzenia białego ryżu. Mogli go spożywać jedynie od święta i w czasie ciężkiej choroby. Należał się tylko temu, kto na niego ciężko zapracował. Dziś się o tym pamięta.

Podstawowe gatunki ryżu

Oryza glaberrima i *Oryza sativa*. Ten drugi jest uprawiany w Azji. Ma trzy odmiany: *javanica* albo *japonica tropikalna* jest średnioziarnista, *indica* to ryż długoziarnisty, *japonica* jest odmianą krótkoziarnistą, zawierającą dużo skrobi; jej ziarna sklejają się podczas gotowania, dzięki temu łatwo jeść ryż pałeczkami (uwaga, zawiera gluten!). Do tej odmiany należy znany ryż japoński *koshihikari* – uznawany za najlepszy do sushi, ostatnio eksportowany nawet do Chin. Aż trudno uwierzyć, że powstał z krzyżówek dopiero w 1956 r. Doskonały smak zawdzięcza czystej wodzie i korzystnej temperaturze powietrza w północno-zachodniej części kraju, skąd pochodzi. Znana jest też odmiana *nishiki* – także używana do sushi – przywieziona do Japonii z Kalifornii.

Sushi - proste czy wyrafinowane?

NAJBARDZIEJ ZNANE DANIE JAPONII STAŁO SIĘ JEJ KULINARNYM SYMBOLEM. POŁĄCZENIE RYŻU Z SUROWĄ RYBĄ I WODOROSTAMI DAJE WRAŻENIA ODMIENNE OD SMAKÓW ZACHODU. MIMO TO JEST CORAZ POPULARNIEJSZE: DIETETYCY CHWALĄ JEGO WARTOŚCI ZDROWOTNE, SMAKOSZY PORYWA FINEZJĄ I ORYGINALNOŚCIĄ.

KĘS TRADYCJI

Na początku były ryby – pożywienie numer jeden mieszkańców japońskich wysp i wysepek. Solono je i marynowano, jedzono zaś po przyprawieniu na kwaśno. Z czasem zaczęto przekładać ryżem. Ten sposób konserwowania ryb był znany także w Chinach. Surowe filety układano w beczkach, przekładając warstwami ugotowanego ryżu. Po kilkumiesięcznej fermentacji ryż odrzucano, a ryba zyskiwała pożądane właściwości smakowe. Taki sposób konserwowania jest znany w Japonii i dzisiaj. Z czasem ryż zastąpiono octem ryżowym, co zapobiegło wyrzucaniu cennego zboża. Teraz można go było oddzielnie gotować i jeść wraz z marynowaną rybą. Ryż przyprawiano mieszanką octu ryżowego, cukru i soli, aby nadać mu smak zbliżony do ryżu fermentowanego.

Taką potrawę skomponowaną z gotowanego i przyprawionego ryżu, uformowanego w kulkę i połączonego z rybą lub krewetkami, zaczęto podawać w epoce Edo, ściślej około 1700 r. W połowie XIX w. sushi stało się daniem powszechnym i tańszym. Wymyślono owijanie ryżowych kulek płatami namoczonych wodorostów, a także łączenie ich ze smażonym tofu.

Za twórcę współczesnego sushi uważany jest Yohei Hanaya, tokijski restaurator z początku XIX w. Przynosił on na targ świeże ryby w lodzie, układał je na kulkach ryżu i oferował wraz z herbatą w przenośnym barze nazywanym *yatai*. Znalazł wielu naśladowców, a sushi stało się japońskim fast foodem. Japońscy lotnicy podczas II wojny światowej zabierali je na pokład samolotu.

Sposoby przyrządzania i podawania dań muszą być zgodne z filozofią zen.

Szlachetna asceza

Szybko zauważano, że kulki ryżu można formować na różne sposoby. Ich wygląd ma oryginalne wartości estetyczne w zależności od staranności i specyfiki wykończenia. Jak każdej potrawie japońskiej, także sushi zaczęto nadawać specjalną symbolikę. Składniki można było łączyć na różne sposoby, zgodnie z porą roku. Gotowe kęsy zaś podawać tak, aby utworzyły kompozycję cieszącą umysł i wprowadzającą w odpowiedni nastrój. Sposoby podania, których podtekstem była zgodność z japońską filozofią zen, akcentowały umiar, szlachetną ascezę, wysmakowaną kompozycję uwzględniającą dwie strony estetyki japońskiej - zamiłowanie do pustki oraz do asymetrii.

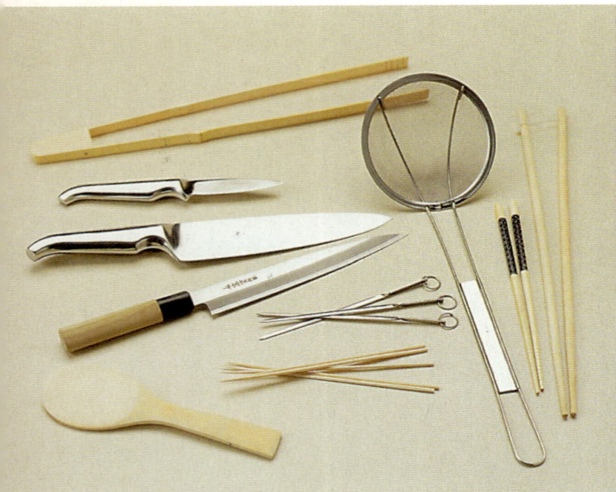

Do sushi

handai - naczynie z drewna *sugi*, używane do przygotowywania ryżu, zwilża się je octem winnym, by nie pochłaniało wilgoci

uchiwa - wachlarze, którymi studzi się ryż rozłożony w *handai*, studzenie służy zachowaniu właściwej konsystencji ryżu, którego ziarenka, jakkolwiek kleiste, nie powinny zanadto się zlepiać

shamoji - płaska łyżka, najczęściej z drewna bambusowego, do mieszania ryżu w *handai*; uprzednio zwilża się ją wodą

sudarē - mata z bambusa do rolowania jednego z rodzajów sushi; przed użyciem należy ją umyć i dokładnie wysuszyć

osū - przyrząd do prasowania niektórych rodzajów sushi, z ruchomym dnem i wieczkiem

Obecnie każdy region ma swoją odmianę sushi, a każda z nich zawiera lokalny akcent smakowy. Produkty muszą być zawsze świeże, najlepiej gdy potrawa jest przyrządzana na oczach gości. Sushi w pełni odpowiada japońskiej filozofii jedzenia, która ceni czysty smak potraw. Istotne jest to, aby nie mieszać smaków i nie przyprawiać dania zbyt mocno, tak by zachowało naturalny smak głównego składnika. Jednocześnie cieszy oczy jedzącego specjalnie dla niego przygotowaną kompozycją.

Zrób to sam

Na świecie powstaje coraz więcej barów i restauracji, w których można spróbować japońskiego smakołyku. W supermarketach i małych sklepikach z żywnością orientalną można kupić specjalne naczynia i utensylia, a także składniki, z których sushi przyrządzimy w domu. Modne stają się spotkania towarzyskie, podczas których każdy włącza się w przygotowanie swoich porcji ryżu z dodatkami w japońskim stylu. Kto to lubi, na pewno będzie też chciał się zaopatrzyć w tace, ceramikę o japońskiej linii oraz oczywiście pałeczki. Właśnie nimi (ewentualnie ręką) powinno się jeść sushi, nigdy zaś widelcem.

1

2

3

Niektóre rodzaje sushi

Istnieją rozmaite odmiany tego dania. Oprócz surowej ryby dodaje się też wiele innych składników: owoce morza, świeże lub marynowane warzywa, omlety, tofu. Różny jest sposób formowania sushi.

Maki-zushi (*norimaki*) (1) Do ich przygotowania niezbędna jest mata *sudare*. Na niej rozkłada się odpowiednio przygotowane wodorosty *nori*, na których umieszcza się ryż oraz składniki farszu. Mają postać rolady ryżowej owiniętej w wodorosty i pokrojonej w plastry, z różnymi składnikami w środku; wśród nich są: *futomaki* – szerokie i płaskie, *hosomaki* – cieniej krojone, nadziewane np. ogórkiem solonym, surową rzodkwią, świeżym mięsem tuńczyka.

Futomaki-zushi Grube rolki przyrządzane z całego arkusza prażonych wodorostów (*yaki-nori*). Oprócz ryżu zawierają kilka innych składników.

Chakin-zushi, fukusa-zushi, hamaguri-zushi, temaki-zushi Odmiany tzw. kanapek ryżowych – z ryżu i dodatków, uformowanych w różne formy – trójkąty, kostki, kulki, rożki – owinięte w cienki omlet; wszystkie bardzo małe. Jedzone są w dwóch kęsach.

Inari-zushi (2) Łatwe w przyrządzeniu, bardzo popularne w Japonii – ryż zawija się w smażone sakiewki tofu (*abura-age*), by uzyskać kształt podłużnych pierożków. Plasterki smażonego tofu można kupić gotowe w puszkach lub mrożonkach.

Oshi-zushi (3) Tę odmianę uzyskuje się przez prasowanie warstw ryżu i nadzienia w *osu*. Po wyjęciu spod prasy ryż z nadzieniem jest krojony na poręczne kawałki. Dziś jest to rodzaj drugiego śniadania. To sushi pochodzi z Osaki i należy do najstarszych typów tego dania.

Chirashi-zushi Wywodzi się z najstarszych sposobów podania tej potrawy. Jest to po prostu podane w miseczce danie z ryżu z różnymi typowymi dla sushi składnikami ułożonymi dekoracyjnie na wierzchu – *edo-zushi*, lub na spodzie – *gomoku zushi*. Pierwsza odmiana pochodzi z Tokio (dawna nazwa stolicy Japonii – Edo), druga z Osaki i Kioto.

Niektóre rodzaje sushi

Bara-zushi Ryż w miseczce jest zmieszany z rozmaitymi drobno pokrojonymi składnikami.

Mushi-zushi Podobne do *gomoku*, ale ryż z dodatkami ułożony jest tu na sicie w bambusowym parowniku i ugotowany na parze. Jest to jedno z niewielu sushi, które podaje się na ciepło!

Maze-zushi Sprasowany ryż z drobno pokrojonymi dodatkami.

Ika-zushi Przyrządzane z nadziewanej ryżem i dodatkami tuszki kalmara. Opieka się ją krótko i kroi na plastry.

Nigiri-zushi (4) Najbardziej efektowne z sushi, mają specyficzną etykietę przygotowania i podania. Są formowane ręcznie (*nigiri* to po japońsku „ugniatanie") – ciepło dłoni ogrzewa ryż. Bywają porównywane do wysublimowanych japońskich utworów poetyckich haiku. Są małe, formowane w różne kształty. Podaje się je w specjalnych restauracjach *sushiya*, w których przygotowują je otoczeni szacunkiem mistrzowie kuchni. Podczas przyrządzania goście mogą z nimi rozmawiać na określone tradycją tematy. Podczas tej rozmowy z garstki ryżu powstają arcydzieła japońskiej sztuki kulinarnej – przybrane na górze różnymi płatkami surowej ryby, ikrą lub skorupiakami i chrzanem japońskim *wasabi*, podawane z dodatkiem sosu sojowego, marynowanego imbiru, do zielonej herbaty. Jedzenie tak przygotowanych sushi jest doznaniem intelektualno-estetycznym, w pełni zrozumiałym jedynie dla rodowitego Japończyka. Dlatego do tych specjalnych restauracji cudzoziemcy są nieczęsto zapraszani. Jeżeli już się to zdarzy, warto, aby zapoznali się z ceremoniałem i wiedzieli, jak należy się w takim miejscu zachować.

4

Kolorowe porcje potrawy są dodatkowo ozdabiane liśćmi oryginalnych japońskich roślin (*shiso* – zielem podobnym do pokrzywy, zielonymi listkami jednego z krzewów – *kinome*, ozdobami wycinanymi z liści bambusa i pędami tej rośliny, plastrami z kłącza lotosu itd.). Na stole obok talerza z artystycznie ułożoną potrawą przed każdym stawia się miseczki z sosem *shoyu*, zielonym japońskim chrzanem *wasabi* oraz plasterkami marynowanego imbiru – *beni-shōga*.

Praktyka czyni mistrza

Sposób przygotowania sushi jest dość skomplikowany, ale wystarczy poznać kolejne etapy, aby wejść na dobrą drogę do samodzielnego przyrządzania. Podstawą sushi jest ryż krótkoziarnisty, specjalnie przygotowany. Dokładnie przebrany i opłukany (trzykrotnie odcedzony), gotowany w odmierzonej ilości wody (3 szklanki wody na 3 szklanki ryżu), nigdy nie może być solony. Aby nadać mu właściwy smak, można moczyć go z morskimi warzywami *kombu*, które przed gotowaniem usuwamy.

Jeśli gotujesz ryż w garnku, umieść odcedzone ziarna i wodę w średniej wielkości rondelku i przykryj.

Jak jeść nigiri-zushi

Pałeczkami chwyta się ryżową kulkę, górną stronę – tę np. z płatkiem ryby czy krewetką – macza się w miseczce z sosem sojowym, który nie powinien dotknąć ryżu. Przygotowaną porcję wkłada się do ust, obracając tak, aby ryż znalazł się na spodzie. Kolejne porcje przegryza się płatkami marynowanego imbiru – *beni-shōga*, którego świeżość przywraca właściwy smak. Podczas uczty można też popijać herbatę.

Doprowadź do wrzenia. Zmniejsz płomień i gotuj na wolnym ogniu, pod przykryciem około 12 minut, aż woda wyparuje. Zdejmij ryż z ognia, odstaw do wystygnięcia na 10 minut, nie zdejmując pokrywki.

Dziś upowszechniły się automatyczne garnki do ryżu, które same regulują czas i temperaturę, co upraszcza skomplikowany sposób gotowania.

Po ugotowaniu ziaren na sposób japoński ważne jest przełożenie ich do naczynia *handai*. Następnie specjalną łyżką *shamoji* wlewa się *tezu na ryż*. Taka mieszanka nosi nazwę *shari*. Składniki łączy się, chłodząc je wachlarzem *uchiwa*. Wachlowanie musi być dość intensywne, aby ryż szybko ostygł. Potem przekłada się go do innego drewnianego naczynia i przykrywa wilgotną ściereczką.

Ocet do sushi robi się z octu ryżowego (pół szklanki), cukru (ćwierć szklanki) i soli (pół łyżeczki). Składniki mieszamy bardzo dokładnie w małej misce, aż cukier się rozpuści. Można dodać też odrobinę *mirin* lub sake. Wcześniej przyrządzony ocet bez obawy można dłużej przechowywać w lodówce w szczelnie zamkniętym pojemniku. Bardziej leniwi i mniej odważni w kuchni mogą kupić gotowy ocet do sushi.

Buliony nie tylko z wodorostów

Zupy są niezbędną częścią japońskiego obiadu. Różnią się od znanych nam składnikami, smakiem, wyglądem, a przede wszystkim – sposobem podania.

Nigdy na gorąco

Podstawą większości zup japońskich jest wywar z wodorostów *kombu* – oraz suszonej ryby – *katsuo* (rodzaj tuńczyka). Takie wywary nazywają się *dashi*. Są to buliony czyste, klarowane, w rodzaju naszego rosołu. Bywają także sporządzane ze sproszkowanych wodorostów zmieszanych z wodą i zagotowanych. Są one też dostępne w postaci kostek, esencji lub pasty. Ugotowane w takim wywarze zwyczajne warzywa nabierają charakterystycznego smaku morza, bulionem można także zalewać składniki mięsne i rybne. Zupy, do których przygotowania używa się *dashi*, nazywają się *suimono*. Im bardziej są klarowne, tym lepsze i elegantsze. Powinny mieć subtelny, lekko słodkawy smak oraz delikatny zapach wodorostów i ryb.

Popularne są także zagęszczone zupy ze sfermentowanej pasty sojowej, ryżowej lub zbożowej, nazywane *miso*, jak pasta. Pastę rozpuszcza się we wrzątku, a niekiedy w wywarze *dashi*. Taka zupa może być jadana podczas wszystkich posiłków w ciągu dnia. Miseczek nie napełnia się nią całkowicie, co pozostaje w zgodzie z estetyką pustej przestrzeni – *yohaku*, w której przedmiot nabiera znaczenia przez istnienie wolnego miejsca obok. W wywarze *miso* można także gotować różne składniki, zależą one od pory roku i regionu. Zup japońskich, jak zresztą i innych potraw, nie podaje się gorących, bo Japończycy uważają, że wtedy zginąłby smak produktów.

Smak w miseczce

Bez zupy nie może się obejść typowy japoński obiad – *ichijū-sansai*. Składa się na niego ryż, zupa i trzy dania dodatkowe. Każde przyrządzone inaczej: surowe, grillowane i gotowane.

Zupę podaje się w miseczkach. Pałeczkami wyławia się z niej stałe produkty, potem wywar można jeść łyżką. Chcąc ją wypić, podnosi się miseczkę obiema rękami, chwytając za dno.

Symbolika zupy

Nowy Rok Japończycy tradycyjnie spędzają w gronie rodzinnym. Stół zastawiony jest 1 stycznia specjalnie przygotowanymi noworocznymi potrawami zwanymi *osechi ryōri*. Obok symbolizującej płodność ikry śledzia, czarnej soi przypominającej o sumiennym wykonywaniu obowiązków oraz kilku tradycyjnych dań z ryb i alg – jest podawana zupa *ozōni* z wywaru z warzyw i ryb wraz z potrawą z gotowanego ryżu – *omochi*. Z kolei 7 stycznia tradycyjnie je się ryżową zupę z siedmioma ziołami – *nanakusa*. Jest to rodzaj kleiku, który ma chronić przed chorobami.

JAPOŃSKA KUCHNIA JEST PEŁNA BARW.

Warzywa
smaki i kolory natury

STANOWIĄ BARDZO WAŻNY SKŁADNIK JAPOŃSKICH POSIŁKÓW. I TO NIE TYLKO DLATEGO, ŻE JE UZUPEŁNIAJĄ. OPRÓCZ WARTOŚCI ODŻYWCZYCH NADAJĄ IM GŁĘBSZY SENS.

Ważny kalendarz

Jedną z cech warzyw, dla tutejszej kuchni bardzo ważną, jest ta, że trafiają na stoły sezonowo. Z wiosną pojawiają się młode pędy bambusa, jedzone po ugotowaniu. Latem na stoły trafiają arbuzy, zimny makaron gryczany z warzywami, a także rozmaite sałatki. Jesień z kolei to pora batatów – słodkich ziemniaków, kasztanów jadalnych, czerwonej fasoli i soi, a także grzybów. Potrawy są wtedy przybierane chryzantemami. Zima jest czasem dań rozgrzewających i sycących, na przykład z fasoli.

Warzywa pozwalają cieszyć się naturalnym smakiem płodów ziemi. Z surowych lub poddanych krótkiej obróbce cieplnej przyrządza się sałatki. Jak wszystko na japońskim stole, jarzyny przybierają estetyczne formy – rozkłada się je w wachlarze, kwiaty czy liście, ale także tworzy z nich geometryczne, abstrakcyjne figury. Czasem aż trudno rozpoznać zwykłą rzepę lub marchewkę.

Popularne, zwłaszcza latem, są marynowane warzywa *sunomono*, same lub z dodatkiem owoców morza. Doprawia się je octem ryżowym, często posypuje ziarnem sezamowym *goma*. Niektóre warzywa przyrządza się z zastosowaniem techniki *itazuri*, polegającej na soleniu ich i odciskaniu płynu, wraz z którym pozbywają się surowizny lub goryczki.

Nie tylko na sałatki

Japońska kuchnia zna także wiele przetworów z warzyw. Ulubione są marynowane oraz kiszone (przy użyciu soli). Często stanowią przystawkę podawaną w miseczkach – warzywa układa się w kupkę, dbając, aby nie dotykały ścianek naczynia. Nadaje się im też kształt pąka kwiatu.

Kiszone są np. kapusty, rzodkiew, rzepa, bakłażany, ogórki, dyniowate, czosnek, kalafiory. Charakterystyczny smak nadaje im imbir – *shōga*. Niekiedy dodaje się także suszone wodorosty *kombu* lub ostre papryczki.

Zielone barwy wasabi

Na japońskich wyspach używa się wielu nieznanych w Europie warzyw. Biała i długa rzodkiew japońska *daikon* jest chyba najbardziej charakterystyczna. Dodaje się ją do sałatek, garnirowania, marynuje. Szczególnie popularna jest w postaci przetworzonej, pod nazwą *takuan*. Czasami jest dodawana do sushi. *Daikon* bywa podawana na zakończenie posiłku, ponieważ wspomaga trawienie, zwłaszcza dań tłustych. *Aka daikon* to rzodkiewki.

Słynny japoński chrzan *wasabi* to korzeń niepozornej zielonej rośliny rosnącej w czystych górskich strumieniach. W kuchni japońskiej jest szczególnie ceniony ze względu na oryginalny piekący smak z wyczuwalną goryczką. Na stole wzrok przyciąga jego żywy zielony kolor. Ten podawany w naszych restauracjach przyrządza się ze sproszkowanego *wasabi* (w pastę zamienia się po dodaniu wody) i jest nieodłącznym towarzyszem sushi.

W XVI w. Portugalczycy przywieźli do Japonii dynię *kabocha* – ma zieloną skórkę i pomarańczowy miąższ. Dziś jest bardzo popularna w Japonii i dostępna przez cały rok, bo w różnych regionach dojrzewa o innej porze. Nadaje się do gotowania, duszenia i grillowania. W smaku zbliżona jest do batatów *imo*, czyli słodkich pomarańczowych ziemniaków.

Kwiaty do jedzenia

W kuchni Kraju Kwitnącej Wiśni używa się także roślin kwiatowych. Młode liście i łodygi *shungiku*, czyli chryzantem, mają lekko gorzkawy smak i zawierają dużo witaminy A. *Myōga* to kwitnące pędy imbiru japońskiego w kształcie mięsistego nierozwiniętego pąka. Marynuje się je i – po obróbce cieplnej – spożywa jako dodatek do dań. Koniczyna jadalna (*mitsuba*), u nas znana jako kryptotenia, do Japonii trafiła z Sachalinu już w XVII w. Ma drobne białe kwiaty i trójdzielne liście o cytrynowym aromacie i delikatnym pieprzowym smaku. Lepiężnik japoński (*fuki*), z rodziny astrowatych, kwitnie od początku marca do końca kwietnia i ma różowe lub białe kwiaty o słodkim zapachu.

Pachnotka i inne

Kawałki sushi przegryza się marynowanym imbirem *benīshōga* – odświeża smak i ma piękny różowy kolor. *Fude shōga* to młode pędy imbiru, które dekoracyjnie układa się w różowe pędzelki, będące tradycyjnym dodatkiem, np. do gotowanej ryby. *Myōga* to kwitnące pędy imbiru, także używane do przybierania potraw.

Shiso to liście rośliny nazywanej u nas pachnotką zwyczajną. Można je dodawać do sałatek – listki mają dekoracyjny wygląd i wspaniały zapach cynamonu i mięty zarazem. Na początku jesieni używa się też białych lub purpurowych kwiatów. *Shiso* występuje w dwóch odmianach: zielonej (*aojiso*) i purpurowej (*akajiso*) – tej drugiej używa się do barwienia produktów, np. jajek lub bardzo popularnego przetworu ze śliwek.

Edamame to młode strąki soi podawane w restauracjach jako zakąski, np. do piwa. Znane były w Edo od dawna, już w XVIII w.

1

2

3

4

5

Z ZIEMI I Z DRZEWA

BEZ NICH NIE MA KUCHNI DALEKIEGO WSCHODU. NAWET TE, KTÓRE NIE MAJĄ WYRAŹNEGO SMAKU, NADAJĄ POTRAWOM ODPOWIEDNIĄ MOC. ZWYKLE SĄ TWARDE I PIĘKNIE WYGLĄDAJĄ.

Shiitake (1) W Japonii nazywane królami grzybów, botaniczna nazwa polska - twardziak jadalny. Zbiera się je jesienią i zimą. To najstarsze uprawiane grzyby (znane są od trzech tysięcy lat!), rosną przy drzewach *shii* i przy dębach. Są brązowe, pod kapeluszami mają blaszki. Ceniona jest odmiana *donko* („zimowy") lub *hana* („kwiat") z małymi ciemnymi spękanymi kapeluszami. Jego walorem jest bogaty aromat. W sprzedaży dostępne są świeże lub suszone.

Maitake (2) Polska nazwa: żagwica listkowata. Rośnie w kępach na drzewach i często niełatwo go znaleźć. Ceniony dla swoich właściwości smakowych i leczniczych. Delikatny i kruchy ma szlachetny zapach i łagodny posmak ziemi.

Matsutake (3) Nazywa się je grzybami sosnowymi, znane są w Japonii od tysiąca lat. Rosną tylko w naturalnych warunkach i nie należą do najtańszych. Uważane są za afrodyzjak. Mają kapelusze o średnicy ponad 12 cm, często pokryte czerwonawobrązowymi i białymi łuskami. Nie obcina się im nóżek i nie płucze, lecz jedynie przeciera wilgotną ściereczką.

Shimeji (4) Białe lub jasnobrązowe grzyby średniej wielkości o szczególnie dekoracyjnym wyglądzie, rosną kępkami. Podaje się je wyłącznie gotowane, nie nadają się do spożycia na surowo.

Enokitake (5) Rosną pod drzewami owocowymi zwanymi *enoki* lub pod drzewami persymony, są także odmiany spotykane na śniegu - *yukinoshita*. To drobne, kremowobiałe grzybki o delikatnym smaku, kruche i chrupkie, rosną w pękach, mają bardzo dekoracyjny wygląd - długie na 10 cm i smukłe, zakończone wiotkimi jadalnymi kapelusikami (gąbczaste trzonki nie są jadalne). Ich delikatny smak przypomina biały pieprz i cytrynę. Bywają jedzone na surowo.

Nameko Nazywane „śliskimi grzybami", małe bursztynowobrązowe o delikatnym posmaku i galaretowatym miąższu. Świeże można dostać jedynie w Japonii.

Morskie stwory tylko na surowo

Podstawowym źródłem białka od zawsze były dla Japończyków ryby i wszystko, co żyje w wodach: ośmiornice, małże, kalmary, krewetki, kraby, ślimaki, a także wodorosty. Mięso zaczęto tam jadać właściwie dopiero w XX w. Kuchnia japońska zna wiele sposobów podawania ryb, ale podstawowym warunkiem jest ich absolutna świeżość.

Na surowo

W zasadzie *sashimi* można uważać za bardzo bliskiego krewniaka sushi. Tyle że obecne w nim ryby, małże, warzywa, mięczaki i grzyby są podawane nie z ryżem, lecz z dodatkiem świeżych wodorostów. Ryby są krojone w specjalny sposób, zależnie od rodzaju i konsystencji (miękkości) ich mięsa. Aby dobrze zrobić *sashimi*, należy opanować trudną umiejętność różnych sposobów krojenia. Wszystkie składniki muszą być bardzo świeże i najwyższej jakości. Także dekoracje z warzyw i wodorostów kroi się ręcznie w wymyślne kształty. Dlatego *sashimi* jest potrawą drogą, rzadko przyrządzaną w domu. Jeżeli już chce się ją podać, to na życzenie klienta rybę pokroją tam, gdzie się ją kupuje, na poczekaniu.

Zakupy rybne

Tsukiji to najsłynniejszy targ rybny w Tokio. Tu właściciele małych rybnych sklepików – tych, w których kroją rybę na życzenie klienta – codziennie zaopatrują się w świeży towar. Bazar jest ogromny i imponujący. Zwiedzenie Tsukiji jest dla turystów równie obowiązkowe, jak obejrzenie przedstawienia teatru kabuki. Na tym ogromnym targowisku mieści się 1500 stoisk otwartych od piątej rano. Zajmują 225 tysięcy metrów kwadratowych. Podobnie jak niegdyś w słynnych paryskich halach, można tu przyjść jeszcze przed świtem i zjeść kawałek ryby... surowej oczywiście. O tej porze dostaje się najświeższe sushi w mieście.

大
Tsukiji to największe targowisko rybne w Tokio.
Tu zawsze można zjeść świeże sushi.

Wszystko, co pływa w wodzie, nosi w Japonii wspólną nazwę sakana.

Rybami handluje się już od świtu.

Sprzedają tu codziennie dwa-trzy tysiące ton ryb i innych owoców morza. W latach 70. minionego wieku roczne spożycie ryb na głowę mieszkańca Tokio – wliczając niemowlęta – wynosiło ponad 30 kilogramów. Ryby stanowią wciąż, jak przed wiekami, podstawowe źródło białka zwierzęcego. Je się tu wszystko, co pływa w wodzie i nosi wspólną nazwę *sakana* – od sałatki z pokropionych octem ośmiornic po krwiste mięso wielorybów, przypominające połcie wołowiny.

Warto tu się wybrać jeszcze nocą. Janina Rubach-Kuczewska wspomina: *Na betonowym nabrzeżu leżą setki cielsk olbrzymich tuńczyków, jakby owiniętych w białe zwiewne całuny, bo lodowa powłoka bowiem, która je okrywa, paruje... Towar ułożony pedantycznie i zawsze tak samo od momentu złowienia aż do talerza: głowa w lewą stronę, brzuch naprzeciw patrzącego. Podobno ta wierzchnia część, która nigdy nie zetknęła się z pokładem łodzi, koszykiem czy sklepową ladą, jest znacznie smaczniejsza, więc ongiś wielmoże tylko ją konsumowali, spód pozostawiając gawiedzi.*

Z tego powodu, od wieków, takie właśnie ułożenie ryb – głową w lewą stronę – jest bardzo ważne i przestrzegane. Ryba w całości gotowana lub pieczona jest stawiana przed jedzącym właśnie w ten sposób. Tak wygodnie się ją spożywa, używając pałeczek trzymanych w prawej ręce.

Wszystko, co z morza

W halach tokijskiego targowiska codziennie od piątej rano stragany są pełne czekającego na hurtowników towaru. Ryby czerwone, czarne, białe, zielone i różne morskie potwory: olbrzymie i mikroskopijne, pokrajane w plasterki, w paski, suszone, solone, mrożone, pieczone. Na targowisku zaopatrują się w świeży towar właściciele sklepików rybnych. Sprzedawcy mają zwykle stałych klientów, ci zaś wiedzą, że mogą liczyć na towar gwarantowanej jakości, to znaczy świeżości. Zakupy owoców morza, a właściwie wszelkich wód, nie są proste. To nie tylko ryby różnych gatunków: morskie i słodkowodne, ale wszystko, co w wodach żyje: ośmiornice, małże, kalmary, krewetki, kraby, ślimaki. A także wodorosty.

Jak każda czynność, również i zakupy są celebrowane z najwyższą skrupulatnością. Nigdy nie kupuje się na łapu-capu, co wpadnie w rękę. Idąca do sklepu rybnego pani domu dobrze wie, co ma kupić, ale zawsze długo i skrupulatnie przegląda towar nawet w sklepie, w którym kupuje codziennie świeże produkty od 20–30 lat. [...] Zakupy w sklepach rybnych robi się w godzinach popołudniowych. Rano są one zamknięte, gdyż właściciel sam osobiście sprowadza świeży towar z targu. Są to ryby z połowu ostatniej nocy. Ze względu na klimat kraju, a także i na to, że ryby są towarem szybko psującym się, droga z łowiska na targ, a później do sklepu musi być krótka. Tak swój pobyt na targu opisują Masaru i Urszula Imamura.

Nie tylko ryby

Wśród owoców morza szczególnie lubiane są mięczaki. Dawniej podawano ugotowane, obecnie częściej zjada się je na surowo.

Awabi – tzw. ucho morskie, nazywane też abalonem. Należy do najdroższych artykułów spożywczych. Oryginalne *abalony* są pod ochroną. Hoduje się je przy brzegach, w pobliżu plantacji wodorostów *kombu* i *nori*. Odmiany to: *kuroawabi*, *madakaawabi*, *megaiawabi*, *mushiawabi* i *ezoawabi*. Najlepsze są od kwietnia do czerwca.

Baka-gai – małż o czerwonym mięsie. Nazwa wiąże się z czerwoną wypustką, podobną do języka, kiedy małż ją pokazuje, przypomina szaleńca (po japońsku: *baka*). Grzeczność nakazuje, aby kelner podający *baka-gai* używał innej nazwy.

Hamaguri – nazwę zyskały ze względu na kształt przypominający żagiel (po japońsku *ho*). Są to małże z gatunku Wenus, znane już w czasach prehistorycznych. Najlepsze są zimą i wczesną wiosną.

Hotate-gai – muszle świętego Jakuba lub przegrzebki. Ich części pomarańczowej używa się do zup, białej do dań głównych. Najlepsze hodowle są wokół Hokkaido.

Jak podawać

Zasady obowiązujące w japońskiej kuchni służą jak najlepszemu podaniu ryb i owoców morza. Ich świeżość musi być absolutna i pewna. Konsument zyskuje tę pewność wtedy, gdy ryby, kraby, ośmiornice i inne morskie zwierzęta są zabijane i przyrządzane od razu na jego oczach. Cenione są restauracje, w których tych zasad się przestrzega. Potrawy tam sprzedawane osiągają astronomiczne ceny.

Także kupując ryby do domu często wybiera się te jeszcze żyjące. Sprzedawca na oczach klienta uśmierca je i, na jego prośbę, jak najcieniej kroi. W ten sposób pokrojone ryby są jedzone najchętniej. Zasady obowiązujące w japońskich sklepach rybnych i restauracjach nie zdziwią nikogo, kto wie, jak często w Japonii je się ryby surowe. Klient restauracji decydujący się na dania z ryb lub skorupiaków, które przed chwilą jeszcze żyły, zyskuje u Japończyków renomę prawdziwego smakosza.

Kryminalna ryba

Fugu należy do gatunku rozdymkowatych, po japońsku nazywanych *takifugu*. Mięso, a szczególnie uważana za przysmak wątróbka ryby, zawiera truciznę – tetrodoksynę, znacznie silniejszą od cyjanku. Spożycie niewłaściwie sprawionej ryby powoduje paraliż i natychmiastową śmierć. Kucharze przygotowujący z niej dania muszą uzyskać licencję, zdając urzędowy egzamin (między innymi napisać pracę na jej temat oraz przygotować *fugu* i... zjeść). Potem trzeba jeszcze terminować przez dwa-trzy lata.

Na trzystu kandydatów certyfikat otrzymuje co trzeci. Mimo formalnego zakazu podawania najbardziej trujących wnętrzności, są one i tak chętnie jedzone. Rocznie dochodzi z tego powodu do ponad stu zatruć; w latach 70. głośna była śmierć Mitsugorō Bandō, znanego aktora teatru kabuki. Kucharz stanął wówczas przed sądem.

Tradycja jedzenia *fugu* ma przeszło dwa tysiące lat. Najwięcej tych ryb łowi się przy wybrzeżach prefektury Fukuoka. Jest ich coraz mniej, ale surowe przepisy dotyczące poławiania *fugu* mają chronić je przed wyginięciem. Zwykle ryby łowi się wiosną, podczas sezonu składania ikry i hoduje w pływających klatkach.

Błogi smak trucizny

Największy popyt na *fugu* jest zimą, gdy są one najtłustsze, wtedy też osiągają najwyższe ceny. To ryby bardzo kosztowne, dlatego uczta z nich jest rytuałem. Do restauracji dostarczane są żywe, pływają

Mityczna ryba fugu znana jest w dwudziestu odmianach.

w dużych pojemnikach, by goście mogli je podziwiać. Można też kupić je już przygotowane w sklepie mającym pozwolenie na sprzedaż tego niezwykłego gatunku. W ciągu wieków wielokrotnie próbowano zakazywać podawania *fugu*, ale smakosze wciąż obchodzili te zakazy. Jej surowe mięso zachwyca koneserów łagodnością smaku, zwłaszcza gdy zawiera śladowe ilości trucizny, powodującej specyficzne przyjemne doznania.

Mięso *fugu* kroi się cienko i starannie, używając specjalnego noża zwanego *fugu hiki*, o cienkim, giętkim ostrzu. Niemal przezroczyste płatki ryby układa się dekoracyjnie na talerzu o lekko szklistym wzorze, tak aby był on widoczny przez przezroczyste mięso. Spożywanie *fugu* ma być przeżyciem estetycznym, wywołującym głębsze odczucia natury filozoficznej.

Podczas posiłku z *fugu* w roli głównej najpierw ten smakołyk podaje się na surowo, później w zupie, na zakończenie smażony. Popija się wszystko ciepłą sake z pływającą w niej... płetwą tej niebezpiecznej ryby.

Mięso trującej fugu jest źródłem ponoć ekscytujących doznań smakowych.

4

1

3

2

Prosto z morza

Wodorosty Algi lub glony są najprostszymi i najstarszymi (ponad dwa tysiące lat) organizmami roślinnymi na ziemi. W Japonii nazywane *kaisō* lub warzywami morskimi. Liczą 50 tysięcy gatunków. Mają więcej witamin i mikroelementów – potasu, wapnia, a zwłaszcza jodu – niż warzywa lądowe. Uczeni znaleźli w nich także wartościowe białka oraz beta-karoten, witaminy B_1, C i E. Wodorosty są skutecznym lekiem na wiele chorób, zapewniają smukłą sylwetkę, ładną cerę i błyszczące włosy. Wykorzystuje je chętnie przemysł kosmetyczny.

Arame (1) Brązowe warzywa morskie o szerokich liściach, zbierane w głębokich wodach oceanu, a następnie gotowane, cięte na drobne kawałki i suszone na słońcu.

Kombu (2) Zbierane od lipca do października i suszone na słońcu nawet przez 2–3 lata. Są nieodzownym składnikiem bulionów *dashi*, ale dodaje się je także do innych dań. Najwięcej dostarczają ich wody wokół Hokkaido.

Asakusa nori (4) Wodorosty najwyższej klasy, są oczyszczone i wysuszone, mają postać kwadratowych arkuszy. Nieodłączny składnik sushi.

Suizenji nori Mają kolor ciemnopurpurowy, są hodowane w wodach słodkich. Dekoruje się nimi zupy i sałatki.

Tosaka nori O barwie pomarańczowej, odznaczają się łagodnym smakiem i specyficznym kształtem przypominającym grzebień koguta. Zdobią sałatki.

Wakame Sprzedaje się je w formie suszonej lub zakonserwowane solą. Dodaje m.in. do zupy *miso*, sałatek, dań z makaronu. Ponoć jeden z ich składników sprzyja chudnięciu.

Hijiki (3) Długie czarne glony, rosną u wybrzeży Azji Wschodniej oraz w północnym Atlantyku. Zbiera się je wiosną i suszy na słońcu. W gotowaniu powiększają objętość. Ich czarne paski kontrastują z jasnymi warzywami oraz z tofu.

Kiedy mięso było lekiem

CHOĆ DLA CZŁOWIEKA ZACHODU MIĘSO OD TYSIĄCLECI STANOWI NIEMAL NIEODŁĄCZNY ELEMENT SZTUKI KULINARNEJ, W JAPONII JEST DOŚĆ NIEDAWNYM SKŁADNIKIEM DAŃ. UPOWSZECHNIŁO SIĘ DOPIERO W XIX STULECIU I WZBUDZIŁO OBURZENIE ZARÓWNO ZWOLENNIKÓW TRADYCJI, JAK I MNICHÓW BUDDYJSKICH. WCZEŚNIEJ PODAWANO MIĘSO PRZEDE WSZYSTKIM JAKO LEKARSTWO.

WPŁYWY ZACHODU

Tradycyjna kuchnia japońska od wieków składała się głównie z produktów pochodzących z morza i roślinnych. Miała na to wpływ ich dostępność – wszelkiego rodzaju skorupiaki zbierano nad brzegami, a ryby łowiono na pełnych wodach. Religia także nie sprzyjała spożyciu mięsa. W klasztorach buddyjskich, w których powstawały pierwsze traktaty dotyczące kultury żywienia, dominowała kuchnia wegetariańska, co ściśle wiązało się z zasadami tej religii. Zmiany w menu Japończyków następowały wraz z otwieraniem się kraju na świat.

W 1854 r. po raz pierwszy od wieków do portów Japonii mogły zawinąć statki amerykańskie. Wydarzenie to zapoczątkowało proces tzw. westernizacji, czyli modernizowania życia Japonii na wzór zachodni.

REWOLUCJA KULINARNA

Zmian nie uniknęła także sztuka kulinarna. Przypływający do Kraju Kwitnącej Wiśni Amerykanie i Europejczycy, dla których podstawą menu było mięso, wprowadzili na nie zapotrzebowanie, po prostu nie potrafili się bez niego obejść. Jedzenie przez nich mięsa wpłynęło na zmianę kulinarnego obyczaju i gustu Japończyków. Zmieniały się one stopniowo, choć pewne wyłomy od surowych zasad całkowitego unikania mięsa były znane już wcześniej. Mięso spożywano wyłącznie na Okinawie, gdzie od dawna wykorzystywano wieprzowinę, i na wyspach Riukiu, które chłonęły nowinki z Tajwanu. Ze wzmianek w różnych tekstach źródłowych wiadomo, że w przeszłości

Japończycy niekiedy jadali mięsne dania, ale należało to do wyjątków. Odnotowano także krótki okres (XVI i XVII w.) spożywania mięsa w niewielkich kręgach bliskich misjom chrześcijańskim.

Oficjalnie na stole

W 1872 r. cesarz Meiji oficjalnie zjadł posiłek mięsny z okazji Nowego Roku. Wzbudziło to wielkie niezadowolenie zwolenników tradycji oraz mnichów buddyjskich i kapłanów sintoistycznych. Jednak wpływy Zachodu były nieuniknione. Niedługo po tym, gdy cesarz zmienił swoje obyczaje kulinarne, zniósł zakaz spożywania mięsa. Wkrótce pojawiły się lokale gastronomiczne zwane *gyūnikuya*. Podawano w nich dania z wołowiny.

Przyrządzanie mięsa stanowiło dla Japończyków problem, choćby ze względu na brak doświadczenia przy jego obróbce. Dlatego mięso było zawsze krojone w cienkie plastry, żeby jak najszybciej się upiekło czy usmażyło.

Nuta Dalekiego Wschodu

PRZYPRAWY SĄ SKŁADNIKIEM, KTÓRY KAŻDEJ KUCHNI NADAJE NIEPOWTARZALNY SMAK, WYRÓŻNIAJĄCY JĄ SPOŚRÓD INNYCH. JAKA NUTA DOMINUJE W DANIACH JAPOŃSKICH?

Sosy z soi

Na stole czy na indywidualnej tacce - bo często tak podaje się japoński posiłek - obok talerzy z właściwymi daniami nie może zabraknąć dodatków. Ponieważ wiele produktów jest po prostu surowych, potrzebne są przyprawy, które podkreślą ich naturalny smak. Należy do nich na pewno sos sojowy. Przyprawy są znane we wszystkich kuchniach Dalekiego Wschodu, jednak te z Japonii nieco się różnią od pozostałych.

Sos sojowy ma tradycję liczącą dwa i pół tysiąca lat. Do Japonii przywędrował w XVII w. wraz z mnichami buddyjskimi, którzy traktowali soję jako źródło cennego dla organizmu białka. Otrzymywany z tej rośliny sos zrobił w Japonii błyskawiczną karierę, bowiem idealnie wzbogacał walory smakowe na potęgę jedzonych tu ryb.

W każdym regionie przyrządza się go jednakowo: z sojowej pulpy z dodatkiem mąki pszennej (niekoniecznie do wszystkich gatunków sosów), wody morskiej (sól!) i grzybów podobnych do drożdży, które wywołują fermentację. Może mieć barwę mniej lub bardziej ciemną, różnić się smakiem i gęstością.

Japoński sos *shōyu* jest o wiele łagodniejszy i delikatniejszy w smaku od znanych sosów chińskich, bo mniej słony, a przy tym dużo słodszy.

Shōyu - cenne białko

W Japonii jest sześć odmian sosu sojowego:

koikuchi shōyu - sos podstawowy, wytwarzany z ziaren soi i pszenicy w proporcji pół na pół

usukuchi shōyu - jasny słony sos o krótkim czasie dojrzewania

tamari - ciemny sos w całości z ziaren soi, podawany chętnie do *sashimi*

saishikomi shōyu - dwa razy przetwarzany esencjonalny sos podawany do *sashimi* i sushi

shiro shōyu - nazywany białym, słodki, produkowany głównie z pszenicy, z domieszką soi

kanro shōyu - produkowany w tradycyjny, długo trwający sposób sos z Yanai w prefekturze Yamaguchi

Na kwaśno

Lubianego kwaśnego posmaku dodają potrawom przyprawowe octy japońskie, czyli *su*. Przyrządza się je najczęściej z ryżu, niekiedy w mieszance z pszenicą. Najbardziej cenione są te w całości robione ze sfermentowanego zacieru z ryżu.

Bez octu ryżowego nie da się ugotować dobrego ryżu do sushi. Jest on łagodny w smaku i mniej kwaśny od zwykłego octu spirytusowego. Nie zagłusza aromatem składników potrawy. Stosuje się go do marynowania jarzyn, ryb, delikatnego białego mięsa i owoców morza. Po otwarciu należy go przechowywać w lodówce, aby nie stracił wartości.

Najbardziej ceniony jest ocet *yonezu* - do wytworzenia jednego litra tego octu używa się co najmniej 40 gramów ryżu. Mniejszą renomę mają *kokumotsu* - ocet z ryżu, pszenicy i kukurydzy, oraz *kasuzu* - czerwonawy ocet z wytłoczyn pozostałych po produkcji sake. *Gōseizu* to tani ocet do codziennego użytku. Znane są także octy owocowe, najczęściej z różnych owoców cytrusowych.

Błyszczący grill

Z sosu sojowego, traktowanego jako baza, przyrządza się inne proste sosy przyprawowe, przeznaczone do konkretnych potraw i także stawiane w miseczkach obok nich. To tradycja Dalekiego Wschodu: nabieranie kawałków dań pałeczkami i zanurzanie ich w indywidualnie podanych miseczkach z sosem.

Do *tempury*, smażonych w specjalnym cieście porcji rozmaitych składników, przyrządza się sos do maczania, mieszając bulion *dashi* z sosem sojowym oraz przyprawowym słodkim winem *mirin*. Sos *ponzu* - często stosowany do potraw mięsnych - składa się z sosu sojowego wymieszanego z sokiem cytrynowym lub niekiedy winem *mirin*, a nawet sake. Sos sezamowy to podprażone i zmielone ziarna sezamu - *atari goma*, wymieszane w odpowiednich proporcjach z jasną pastą *miso*, sake, octem ryżowym, olejem sezamowym oraz sypką przyprawą *shichimi-tōgarashi*. Z kolei do dania *sukiyaki* przyrządza się specjalny sos *wari shita* i w nim gotuje kawałki potrawy. Składa się z wywaru *dashi*, sosu sojowego, wina *mirin* i sake, jest dodatkowo osłodzony.

Teriyaki to kolejny słynny japoński sos, na który składają się sos sojowy, wino *mirin*, świeżo starty imbir i miód lub cukier. Zrobił karierę międzynarodową, odkryto bowiem, że nadaje świetny smak potrawom z grilla. *Teri* oznacza „błyszczący”, a *yaki* - „piec na ruszcie”. *Teriyaki* jest obecnie dostępny w sklepach na całym świecie gotowy, w buteleczkach. Jest chyba najbardziej znanym - oczywiście po sojowym - japońskim sosem przyprawowym.

Te i inne sosy przygotowywane na wyrazistej smakowo podstawie sosu sojowego służą także za dodatek do makaronu i razem z nim tworzą bardzo popularne dania, często kupowane w ciągu dnia w ulicznych barach. Latem takie makarony jada się na zimno.

Siedem ostrych smaków

Potraw w Japonii nie przyprawia się wyłącznie słynnymi przetworami z soi. Znane są także inne przyprawy: świeże, suszone, sypkie. Jedną z najbardziej charakterystycznych jest chińska przyprawa *shichimi-tōgarashi* składająca się z siedmiu składników, nadających jej wyjątkowy smak. Stąd jej nazwa oznaczająca siedem smaków ostrych, bowiem osnowę smakową tworzy ostra papryka, a obok niej dopełniają smaku: skórka z mandarynek, ziarna sezamu, maku, konopi, roztarte wodorosty *nori* oraz pieprz *sanshō*. Czasem dodawane są i inne składniki, np. imbir lub *shiso*.

Shiso to bardzo ciekawa roślina przyprawowa, występująca w dwóch odmianach – zielonej (*aojiso*) i czerwonej (*akajiso*). Ta druga służy m.in. do barwienia potraw, np. słynnych kiszonych śliwek *umeboshi*. Dużą popularnością cieszy się także *sanshō*, nazywany górskim pieprzem, podobny do chińskiego

Warzywa kiszone w soli razem z ryżem.

pieprzu syczuańskiego. Przyprawa ta powstaje ze zmielonych liści i ziaren często uprawianej w ogródkach rośliny krzewiastej, które mają cytrynowy posmak. Jej młode pędy (*kinomé*) są zbierane wiosną, potem zrywa się kwiaty (*hana-sanshō*), latem jagody (*mi-sanshō* lub *tsubu-sanshō*), a jesienią podeschnięte nasiona – te miele się na pieprz (*kona-sanshō*).

Warto także wspomnieć o japońskiej soli. Była niegdyś wytwarzana wyłącznie z wody morskiej. Stąd pochodziła jej poetycka nazwa *nami-no hana*, co oznacza „kwiaty fali morskiej" – sól pozostała po odparowaniu wody krystalizowała, tworząc piękne wzory.

Warto wiedzieć, że sól ma szczególne znaczenie w sintoizmie, tradycyjnej religii japońskiej. Praktykowane w niej rytuały oczyszczania (*misogi*) są dokonywane za pomocą wody, ognia, piasku, ryżowego wina sake oraz właśnie soli. Używano jej też w celu ochrony przed złymi duchami. Do dziś można zobaczyć małe kopczyki usypane z soli przy wejściach do domów czy restauracji. Mają one odpędzać złe duchy i zachęcać do wstąpienia w gościnne progi.

Herbaty woń przecudna

Aromatyczny napój o głębokiej barwie szmaragdowej zieleni stanowi jeden z podstawowych elementów nie tylko kuchni, ale też kultury japońskiej. Przez długi czas był uznany za towar luksusowy, przeznaczony dla cesarza i jego dworu. Spożywanie naparu stanowiło ceremonię ograniczoną ścisłymi regułami. Wiele z nich obowiązuje do dziś.

Esencja smaku

Choć za ojczyznę tego napoju są uważane Chiny, to jednak Japonia wyniosła go na wyżyny, rozsławiając na całym świecie poprzez niezwykłą ceremonię parzenia i picia. Początki obecności herbaty na wyspach japońskich sięgają IX w., gdy jeden z mnichów przywiózł z Chin nasiona herbacianego krzewu. Musiało minąć kilka wieków, w tym czasy braku relacji między obu krajami, aby herbata, znajdująca się w niełasce jako chiński wynalazek, mogła się tu zadomowić.

Japonia zna i wytwarza głównie herbatę zieloną. Przez ponad tysiąc lat jej uprawa została doprowadzona do perfekcji. Japończycy ograniczają się do uprawy dziesięciu podstawowych rodzajów herbaty, a ich nazwy często dokładnie oddają jej pochodzenie, np. *kukicha* to „herbata z szypułek listków" – rzeczywiście uzyskiwana jest z tej części rośliny.

Japońska herbata odznacza się niezwykłą barwą. Po zaparzeniu uzyskuje głęboki szmaragdowy kolor. Można nim sycić wzrok dzięki specjalnej procedurze uprawy – trzy tygodnie przed zbiorami krzewy są zakrywane matami z sitowia i siatkami, by w ciemności rośliny wytworzyły więcej chlorofilu. Najlepsze gatunki herbat uzyskuje się z pierwszego zbioru w kwietniu. Kolejne mają miejsce w czerwcu i sierpniu.

Uprawa herbaty w Japonii nie jest powszechna – spośród 47 prefektur, tylko w 11 istnieją jej plantacje. Najwspanialszą herbatę uprawiano od wieków w rejonie miasta Uji.

Herbaciany pochód

Herbata jako towar luksusowy była szczególnie mile widziana na dworze cesarskim. Władcy Japonii pili tylko tę z regionu Uji w prefekturze Kioto. W XVII w. transport herbaty na dwór cesarski był niezwykle ceremonialny i przypominał procesję. Drogę dla orszaku specjalnie oczyszczano, a przed urną z herbatą klękano i oddawano jej pokłony.

Sztuka pełna gracji

Sztuka parzenia herbaty od wieków była związana z buddyzmem zen. Picie tego napoju miało prowadzić do oczyszczenia duszy i zjednoczenia z naturą. Pierwsze wzmianki o herbacie pochodzą z VIII w., ale obyczaj pojawił się dopiero w XII w. za sprawą mnicha Eisai. Zalecał on napój jako zapobiegający senności podczas medytacji. Wkrótce herbata dotarła na dwory arystokracji.

Skomplikowana ceremonia, zwana *chanoyu*, wymaga skupienia i powagi. Ważny jest każdy gest, poza, a nawet tembr głosu. Obrządek odbywa się w pawilonach *chashitsu* o niskim wejściu, mającym zaznaczać równość gości. Na podłodze leżą maty *tatami*, pośrodku znajduje się palenisko. W pawilonie zgromadzone są także: kociołek do gotowania wody (*chagama*), pojemniki na wodę (*mizusashi*) i na herbatę w proszku (*chaire*), długi czerpak (*chashaku*) oraz czarki na gotowy napar (*chawan*). Mistrz ceremonii wyciera jedwabną ściereczką czarkę, wsypuje do niej herbatę i chochelką nalewa gorącą wodę. Dopiero po wymieszaniu płynu bambusową miotełką (*chasen*) podaje gęsty napar pierwszemu uczestnikowi – ten musi wypić herbatę małymi łyczkami i podziękować. Czarkę oddaje mistrzowi, który rozpoczyna ceremonię od nowa.

Ciepła ryżówka

NAJBARDZIEJ POPULARNYM ALKOHOLEM W JAPONII JEST OCZYWIŚCIE SAKE. UZYSKUJE SIĘ JĄ Z RYŻU PODDANEGO DWUMIESIĘCZNEJ FERMENTACJI. W DAWNYCH CZASACH PRZEPROWADZANO JĄ TYLKO ZIMĄ. A SAKE CHĘTNIE PODAWANO CIEPŁĄ.

Najważniejsza dobra woda

Sake robiono już w III w. Nie znano wówczas drożdży, dlatego wszystko rozpoczynało się żuciem ryżu, prosa lub jadalnych kasztanów - najczęściej podczas świąt, gdy zbierała się cała ludność wioski. Przeżutą papkę zbierano w naczyniu, w którym następowała fermentacja i tak powstawał trunek o nazwie *kuchikami*. Dziś w Japonii istnieje około półtora tysiąca wytwórni produkujących kilka tysięcy rodzajów sake.

Wyrabia się ją ze specjalnych gatunków ryżu, który zawiera dużo krochmalu - jest biały i nieprzezroczysty. Bardzo ważny jest drugi składnik - dobra woda. Wedle niektórych znawców najlepszy trunek pochodzi z prefektury Kōchi, znajdującej się na wyspie Sikoku, gdzie jest odpowiedni klimat, a ponadto krystalicznie czysta woda i najwyższej jakości ryż. Inni twierdzą, że najlepszą wodą do sake jest ta pochodząca z rejonów Kōbe, u podnóża góry Rokko. W niektórych regionu znane są sake nie z ryżu, ale np. z trzciny cukrowej czy ziemniaków. Nazwa sake oznacza po prostu „napój alkoholowy".

SAKE TO WINO, KTÓRE POWSTAJE W PROCESIE FERMENTACJI DROŻDŻY.

ŁYK DLA SMAKU

Sake to właściwie mocniejsze wino o zawartości od 14 do 18 procent alkoholu, chociaż technologia jej produkcji bardziej przypomina warzenie piwa. U nas często się sądzi, że sake to wódka, co nie ma żadnego uzasadnienia, powstaje bowiem nie w procesie destylacji, lecz w drodze fermentacji alkoholowej drożdży. Poszczególne gatunki różnią się nie tylko smakiem, ale i gęstością. W zasadzie wyróżnia się sake: słodką (*amakuchi*), półsłodką (*chūkurai*) oraz wytrawną (*kara-kuchi*). Tu następuje kolejny podział ze względu na zawartość alkoholu – istnieje klasa specjalna (*tokkyū*), pierwsza klasa (*ikkyū*) i druga (*nikyū*). Najdroższym i najlepszym rodzajem sake jest *gingo-zukuri* lub *gingo-zo*. Sake podawana na gorąco to *atsukan*, na zimno – *reishu*. Niekiedy serwowana jest nie w ceramicznych czarkach, ale w drewnianych naczyniach, ze szczyptą soli do przełamania słodkiego smaku. Trunek z okolic Nada ma aromat wyrazisty, męski, z kolei pochodzący z Kioto jest uważany za lżejszy, damski. Uważa się, że sake nie powinna stać dłużej niż rok. Po otwarciu trzyma się ją w lodówce, ale też nie za długo. Trzeba ją szybko wypić, tak jak wino.

Dziś w Japonii spożywa się o wiele mniej sake niż niegdyś. Coraz bardziej popularne stają się alkohole zachodnie, szczególnie whisky. Powstały tu nawet gorzelnie. Podobno z roku na rok jakość ich wyrobów jest coraz lepsza.

PIWO I AWAMORI

Produkowane i chętnie pite jest w Japonii piwo. Po raz pierwszy przywieźli je Holendrzy, mający w epoce Edo koncesję na handel. Ale popularność napój ten zdobył w XIX w. Powstał wtedy browar Kirin i jest to marka znana obecnie. Grupa Kirin jest piąta na światowej liście producentów piwa. Na jej etykietach widnieje mityczny chiński pół smok, pół koń symbolizujący powodzenie.

W Japonii znana jest także wódka *shōchū*. Wytwarzana z destylatu zbożowego lub ziemniaczanego, jest dosyć mocna (do 45 proc.). Robi się z niej śliwkowe nalewki – *umeshu*. Najstarszym destylowanym trunkiem w Japonii jest *awamori*, wytwarzany na wyspie Okinawa, najdalej wysuniętej na południe. Najmocniejsze *awamori* (np. Dunan) może zawierać nawet 60 procent alkoholu.

JESZ? NIE PIJ!

Jedni twierdzą, że sake nie schładza się przed podaniem, ale są tacy, którzy wolą ją w temperaturze 8-10°C. Uważa się, że warto ją podgrzewać wtedy, gdy ma wyrazisty smak. W takim wypadku na stół stawia się trunek w ceramicznym naczyniu, uprzednio podgrzanym w ciepłej wodzie do około 38°C. Taką sake podaje się zimą, rozlewając do małych szklanych, porcelanowych lub kamionkowych czarek. Specjalne naczynia do sake – należące do tradycyjnej sztuki japońskiej – mają rozmaite kształty i kolory, są ozdabiane stylowymi rysunkami. Latem, gdy sake podaje się obowiązkowo zimną, niekiedy można spotkać ją w kwadratowych naczynkach z drewna. To także jest związane z tradycją.

W zależności od rodzaju sake różni się smakiem i należy odpowiednio dobierać ją do potraw. Ponoć tradycyjnie Japończycy wyraźnie oddzielają jedzenie od picia. Jeżeli podczas rodzinnej uroczystości mężczyzna skosztuje ryżu, oznacza to, że przestał pić. W domu pije się sake po posiłku, ale nie wtedy, kiedy się je.

ŚWIĄTECZNY TANIEC Z BUTELKĄ AWAMORI.

Na święta

Pierwsze towarzyskie spotkanie najbliższych w nowym roku (*shin'nenkai*) odbywa się do połowy stycznia. Rodziny zbierają się, by wspólnie wypić specjalny rodzaj sake, mający zapewnić długowieczność. To *o-toso*, rodzaj nalewki z wina ryżowego z ziołami i korzennymi przyprawami: pieprzem, imbirem, cynamonem. Picie jej ma zatrzeć wszystkie gorzkie wspomnienia z poprzedniego roku dotyczące osób obecnych na spotkaniu. Podczas świąt w niektórych regionach bywa także podawany konkurent sake: *awamori*. Buteleczki tego trunku są ofiarowywane duchom przodków na domowych ołtarzykach (binshi) i grobach bliskich (*tonaki-bin*). Są także stawiane na grobach podczas uroczystości pogrzebowych. *Awamori* bywa podawane również przy zaślubinach.

Desery jak dzieła sztuki

NIEKTÓRZY UWAŻAJĄ, ŻE W KRAJU KWITNĄCEJ WIŚNI SŁODYCZY NIE MA. TO NIEPRAWDA. CHOĆ JAPOŃSKIE SMAKOŁYKI NIE PRZYPOMINAJĄ TYCH NAM ZNANYCH, SĄ PRZYGOTOWYWANE Z NIE MNIEJSZĄ STARANNOŚCIĄ, A ICH KOLOR I KSZTAŁT NADAJĄ IM CHARAKTER MAŁYCH DZIEŁ SZTUKI.

NIEZWYKŁE WAGASHI

Słodycze japońskie to nie tylko chwila przyjemności, ale także ważny element systemu filozoficznego i obrzędów. Ich kolor, kształt, a także dobór poszczególnych składników ma symboliczne znaczenie. Często towarzyszą ceremonii parzenia i picia herbaty *chanoyu*. Ogólnie nazywają się *wagashi*. Spopularyzowały się wraz z upowszechnieniem użycia cukru.

Dla obcokrajowca najbardziej zaskakujące jest to, że podstawowym składnikiem większości japońskich smakołyków jest słodka pasta z fasoli. Nazywa się *an* i ma najczęściej dwa warianty kolorystyczne: czerwono-brązowy (*azuki an*) i biały (*shiro an*). Podobne słodycze były znane już wcześniej w Chinach, skąd prawdopodobnie zostały zapożyczone i z biegiem lat przekształcone zgodnie z japońską sztuką kulinarną.

Na Wyspach Japońskich słodkości pojawiły się około XVII w., kiedy na Okinawie rozpowszechniła się uprawa trzciny cukrowej, przywiezionej tu przez Portugalczyków z wysp Indonezji. Od tego czasu *wagashi* podawano często – na deser, jako przekąskę, dodatek podczas ceremonii picia herbaty oraz

z okazji rozmaitych świąt i wydarzeń rodzinnych, na przykład ślubów. Do tego czasu podczas ceremonii *chanoyu* serwowano suszone owoce i orzechy.

PIĘĆ KOLORÓW GOSHIKI

Jest wiele rodzajów *wagashi*, wszystkie jednak mają cechy wspólne. Przede wszystkim wspaniale wyglądają. Mistrzowie japońskiej sztuki kulinarnej nadają im niezwykłe kształty, fakturę i barwy. Wszystkie te elementy są starannie przemyślane, by tworzyły prostą i zarazem wyrafinowaną całość. Ważny jest nawet odgłos, jaki wydają podczas spożywania. *Wagashi* musi być ponadto dopasowane do okazji i pory dnia. Jak z tego wynika, planowanie deserów nie jest tu łatwe. Wymaga znajomości tradycji i etykiety.

Pośród *wagashi* wyróżnia się dwie zasadnicze grupy słodyczy: *namagashi* i *higashi*. *Namagashi* są sporządzone na bazie wspomnianej już pasty fasolowej, mączki z alg morskich i wody. Ze względu na zawartość tej ostatniej są to słodycze o krótkiej trwałości. W tej grupie znajdą się m.in. galaretki, dżemy, ciasteczka ryżowe i z nadzieniem fasolowym. Niezwykłym przykładem tego rodzaju słodyczy jest *goshiki*, co oznacza pięć barw. Ciasteczka te odwołują się do taoistycznej zasady pięciu kolorów, symbolizujących żywioły. Dawniej stanowiły element uroczystości weselnych.

Drugą grupę słodyczy tworzą *higashi*, czyli smakołyki wysuszone. W większości składają się na nie suche ciasteczka zdobione motywami roślinnymi, *aruheito* – słodycze przypominające nasze toffi i rozmaite ziarna pokryte słodką skorupką. Niezwykle popularne w Japonii są także kruche i chrupiące *senbei*, czyli odpowiedniki zachodnich krakersów. Wiadomo, że przybyły tu z Chin, gdzie przypisywano im właściwości oczyszczające i ochronne (przed duszami zmarłych).

Znane i lubiane na świecie

WŚRÓD POTRAW POCHODZĄCYCH Z KUCHNI JAPOŃSKIEJ SUSHI JEST OBECNIE NAJBARDZIEJ ZNANE NA ŚWIECIE. ALE OBOK TYCH EFEKTOWNIE I EGZOTYCZNIE WYGLĄDAJĄCYCH PORCJI JEST KILKA INNYCH DAŃ, KTÓRE ZWŁASZCZA W OSTATNIM CZASIE ZDOBYWAJĄ ŚWIAT.

SUKIYAKI

Podobno wywodzi się z czasów, gdy nie wolno było jeść mięsa. Pewien wieśniak sprytnie obszedł zakaz. Mięso pokroił i smażył na motyce, udając, że robi coś zupełnie innego. Od tego czasu smaży się *sukiyaki* na kwadratowych patelniach żeliwnych, przypominających ową motykę. Samo słowo tłumaczy się jako *suki*, czyli „radło", i *yaki*, czyli „pieczenie".

Jest to potrawa, która wymaga więcej czasu na przygotowanie niż na samo przyrządzenie na ciepło. Składniki trzeba pokroić na równe małe kawałki. Będzie się je bowiem gotować już przy stole.

Sukiyaki bywa gotowane na dwa sposoby: w stylu *kansai* – na patelnię ze smażącym się mięsem wlewa się przygotowany aromatyczny sos, lub w stylu *kantō* – dodając składniki sosu uważanego za rodzaj rzadkiego wywaru.

Na kawałki sieka się warzywa, tofu, ugotowany makaron oraz główny składnik – wołowinę w jak najlepszym gatunku. Mięso kroi się na cienkie plasterki. Kawałki układane są na specjalnej tacy. Obok spoczywają warzywa: młode cebule, pory, bambus, pekińska kapusta, szpinak, *shungiku*, świeże grzyby, wreszcie tofu pokrojone w kosteczkę i makaron *shirataki*.

Na stole czeka rozgrzana ciężka patelnia. Smaruje się ją odkrojonym z wołowiny tłuszczem i wrzuca pierwszą porcję mięsa, dodając kawałki składników i dolewając wonny sos. Każdy wkłada je i wyjmuje już uduszone pałeczkami. Zwyczajowo dla każdego z biesiadników stawia się oddzielnie miseczkę z roztrzepanym żółtkiem, w którym zanurza się gorące kawałki.

Zabawa z duszeniem trwa zwykle długo i jest przyjemną formą spędzania czasu w towarzystwie!

Shabu-shabu

Nazwa pochodzi od naśladowania bulgotania wydawanego przez składniki zanurzane we wrzącym wywarze. Do dania potrzebna jest wołowina przedniego gatunku, najlepiej cienko pokrojona polędwica, nieomal przezroczysta. Płatki mięsa szybko ugotują się we wrzącym wywarze, którym może być *dashi* lub woda z dodatkiem wodorostów *kombu*.

Nieco dłużej trzeba gotować warzywa, używając długich pałeczek, którymi trzyma się kawałeczki mięsa przez cały czas gotowania.

Sosy stojące na stole są przygotowane po to, aby zanurzać w nich ugotowane kąski. Może to być sos sojowy, ale używa się także sezamowego i cytrynowego *ponzu*. Na stole powinny czekać także pikantne surowe warzywa.

Składnikami *shabu-shabu* są warzywa, grzyby, tofu i makaron. Ważne jest ich estetyczne ułożenie na tacy. Kolory jarzyn powinny budzić przyjemne skojarzenia. *Shabu-shabu* jest potrawą typowo zimową, chociaż chętnie bywa jadana przez cały rok.

TEMPURA

Podobno nazwa *tempura* jest zniekształconą formą określenia *quattuor tempora*, oznaczającego cztery okresy postu przestrzegane przez portugalskich zakonników przebywających na misji w Japonii. Jedli wtedy warzywa i owoce morza. I tak w tym daniu pozostało.

W żeliwnym rondlu lub na głębokiej patelni rozgrzewa się olej, pokrojone kawałki warzyw, grzybów oraz ryb i innych owoców morza zanurza się w cieście, wrzuca do tłuszczu, smaży i szybko wyjmuje. Sztuką jest przygotowanie dobrego ciasta. Nie musi być idealnie gładkie, mogą w nim pozostawać grudki mąki – będą po usmażeniu chrupkie.

Kolejną trudnością jest właściwe rozgrzanie oleju i samo smażenie – dostatecznie szybkie, aby ciasto się nie spaliło, i wystarczająco długie, aby kawałki w środku nie były surowe. Usmażone porcyjki trzeba od razu podawać. Kładzie się je na papierowym ręczniku, aby wchłonął zbędny tłuszcz.

Co można smażyć? Najmniej sześć, a najwięcej czternaście składników, np. owoce morza, warzywa, orzeszki gingko. Obok każdego gościa stawia się miseczkę z sosem sojowym, z winem przyprawowym *mirin*, niekiedy z bulionem *dashi*.

Od tradycji do nowoczesności

KRAJOBRAZ KULINARNY KRAJU KWITNĄCEJ WIŚNI JEST NIEZWYKLE ZRÓŻNICOWANY. ŚWIADCZĄ O TYM CHOĆBY LOKALE GASTRONOMICZNE. JEDNE HOŁDUJĄ TRADYCJI, INNE PRÓBUJĄ POGODZIĆ JĄ Z NOWOCZESNOŚCIĄ, JESZCZE INNE SĄ PO PROSTU PUNKTAMI SZYBKIEJ OBSŁUGI DLA ZAGANIANYCH MIESZCZUCHÓW. TURYSTA NA PEWNO NAJPRZYJEMNIEJ SPĘDZI CZAS W TRADYCYJNEJ RESTAURACJI.

SUSHIYA I TEMPURAYA

W dzisiejszej Japonii oprócz rodzimych specjałów można dostać także potrawy kuchni europejskiej i amerykańskiej. Wpływy kultury Zachodu pozostawiły wyraźnie widoczne piętno na tutejszej obyczajowości – nie zawsze korzystne. Świadczy o tym duży wybór lokali gastronomicznych – od tych kultywujących bogatą tradycję, po zupełnie zuniwersalizowane, czyli takie, które spotka się w każdym zakątku świata. W zależności od tego, czego chce się skosztować, w jakim otoczeniu i za jaką cenę, można rozpocząć poszukiwania.

Dla turysty najbardziej atrakcyjne są tradycyjne japońskie restauracje – w ich drzwiach gościa wita obsługa ubrana w charakterystyczne stroje. Warto wiedzieć, że klienci mają w nich obowiązek przestrzegania zasad związanych z wielowiekową tradycją. Przede wszystkim przed wejściem do sali wyściełanej matami *tatami* należy zdjąć obuwie. W tych restauracjach nie siedzi się na krzesłach, choć niektóre lokale mają w podłodze specjalne wgłębienia na nogi, służące wygodzie siedzącego. Istnieją restauracje specjalizujące się w konkretnej potrawie,

Pierwsze restauracje

W XVII w., kiedy w Japonii nastały sprzyjające warunki społeczne i ekonomiczne, na dobre zaczęła się rozwijać gastronomia. Wówczas powstawały pierwsze restauracje. Początkowo były to lokale przeznaczone jedynie dla najzamożniejszej warstwy społecznej. Z biegiem lat zwiększała się ich liczba i różnicowało menu, co przyciągało klientelę. Sprzyjało to doskonaleniu i rozwojowi japońskiej sztuki kulinarnej.

i tak *sushiya* serwują sushi, a *tempuraya* - *tempurę*, natomiast we wszystkich woda oraz zielona herbata są podawane bezpłatnie.

Slow food

W latach 80. ubiegłego wieku powstała sieć restauracji łączących japońską tradycję z nowoczesnością. Zjawisko to było powiązane z wykształceniem się nowego stylu sztuki kulinarnej. W 1986 r. Takashi Sugimoto otworzył w Tokio, w dzielnicy Mishuku, swój pierwszy lokal o nazwie Shunju. Takashi był już wówczas znanym projektantem wnętrz. Zależało mu na stworzeniu czegoś o niepowtarzalnej atmosferze. Składała się na nią nie tylko dekoracja pełna drewnianych elementów, ale także wspaniała sztuka kulinarna. Goście tej restauracji mogli przyglądać się pracy mistrza kuchni w jednym z wnętrz - nowoczesnym lub tradycyjnym.

Na całość wrażenia składały się także takie drobiazgi, jak naczynia z wysokiej jakości ceramiki, laki, bambusa i szkła. Takashi chciał połączyć to, co w kulturze Japonii najcenniejsze, z nieuchronną nowoczesnością. Odniósł sukces. Restauracja zdobyła olbrzymią popularność, otwarto więc kolejne tego typu lokale. A Shunju stało się nie tylko nazwą lokalu, ale także określeniem nowego zjawiska w sztuce kulinarnej Japonii, w opozycji wobec zachodniej mody na fast foody. *Shunju* to inaczej slow food, czyli spokojne delektowanie się specjałami kuchni. Są to wyrafinowane smakołyki sporządzane ze świeżych produktów o unikatowym smaku. Niezwykły jest tu także sposób podania potraw, ściśle związany z tradycją - zazwyczaj oprawa posiłków nawiązuje do pory roku. Restauracje Takashi mają swoich wiernych bywalców, chociaż nie należą do najtańszych.

Na wynos

Małych lokali gastronomicznych nie należy kojarzyć z europejskimi budkami serwującymi hot dogi. Zwykle podają proste dania japońskie, na przykład *takoyaki* (kuleczki z ośmiornicy przyrządzane na specjalnej patelni). Często klienci zamawiają jedzenie na wynos, bo przestrzeń do konsumpcji jest mała albo... nie ma jej wcale. Japończycy nie jedzą, chodząc po ulicach - jest to uznawane za przejaw złego wychowania, co nie oznacza, że wszyscy się tą zasadą przejmują.

W japońskich lokalach gastronomicznych istnieje zwyczaj prezentowania w witrynach przykładów konkretnych dań. Zwykle są to atrapy wykonane z plastiku albo silikonu. Znakomicie pokazują, jakie produkty wchodzą w skład potrawy oraz w jaki sposób zostanie ona podana.

Pierwsze tego typu modele pojawiły się w Japonii w roku 1917. W latach 30. XX w. powstała firma Iwasaki, założona przez Iwasaki Ryuzo, zajmująca się takimi nietypowymi zamówieniami restauratorów. Na początku wykonywano je z wosku, który jednak okazał się nietrwały. Modele są wytwarzane na specjalne zamówienie - na podstawie prawdziwej potrawy dostarczonej przez restauratora. Są tak wykonane, że mogą służyć wiele lat, zachęcając klientów do skorzystania z oferty lokalu.

Japonia otwarta na Zachód oferuje też całą gamę lokali z kuchnią europejską, np. francuską czy włoską. Jadają w nich nie tylko obcokrajowcy, ale często również Japonki. To kobiety bowiem, pod wpływem kolorowych czasopism i telewizji, zdecydowanie częściej niż mężczyźni rezygnują z rodzimej tradycji na rzecz zachodnich zapożyczeń.

Skromność i prostota

JAPONIA BUDZI W EUROPEJCZYKACH ZACHWYT. SKROMNOŚĆ PRZECIWNA PRZESYTOWI NASZYCH STOŁÓW JEST PRAWDZIWĄ ELEGANCJĄ, A NATURALNOŚĆ SMAKÓW JEST JAK POWRÓT DO ZAPOMNIANYCH KORZENI.

BEZ PRZYPADKU

Życiem Japończyka rządzą reguły, które trudno poznać cudzoziemcowi – *gaijin,* przez co narażony jest on na popełnianie licznych gaf. Choć mieszkańcy Kraju Kwitnącej Wiśni czerpią z kultury Zachodu, to przywiązanie do tradycji nie zanika, także tej kulinarnej. Posiłki są – mimo szybszego niż dawniej rytmu życia – podobnie rozłożone w ciągu dnia, a stół i to, co na nim stawiane, podlega określonym zasadom. Inaczej zaaranżowany jest stół dla domowników, nieco inaczej dla gości. Życie nie jest już podporządkowane tak ścisłym regułom, jakie rządziły nim dawniej, gdy trzymano się tradycyjnego rytmu wyznaczanego przez kolejne święta i wręcz obrzędowe wymogi kuchni *kaiseki*. Określonym porom roku i obchodom z nimi związanym towarzyszyły potrawy spożywane niemal rytualnie, ze sztywnym zachowaniem zasad. To coś więcej niż jedzenie. Zarazem sztuka i piękno, które wywołują wiele doznań, a nie tylko zaspokajają głód. Obecnie reguły te dotyczą właściwie tylko ceremonii picia herbaty, chociaż pewne elementy tradycji związanej z posiłkami przetrwały w każdej rodzinie.

CEREMONIA POSIŁKÓW

Kaiseki-ryōri to styl eleganckiego przyjęcia z drobnymi przekąskami podanymi w przemyślany sposób, związany z konkretną porą roku. Ma być prosty, ale zarazem zawierać określony zestaw dań. Ich spożywanie we wspólnym towarzystwie to nie tylko przyjemna okoliczność spotkania i zjedzenia razem posiłku. *Kaiseki-ryōri* jest bowiem mocno osadzone w tradycji. Ceremoniał przyjęcia nawiązuje do dwóch cenionych przez Japończyków zasad – prostoty i skromności.

Funkcjonalność, harmonia, przestrzeń to zasady japońskiego stołu.
Ma być prosto i skromnie.

Reguły pięknego stołu

Kilka zasad rządzących japońską estetyką, podanych za Masaru Imamurą, pomoże każdemu, kto chce się nauczyć podawania stylowych japońskich posiłków.

Asymetria Niezwykle ceniona jako mniej banalna od symetrii, oznacza rozwój.

Funkcjonalność Nie może być zbyt wiele ozdobników i elementów utrudniających lub przysłaniających jedzenie. Np. kształt naczynia nie powinien przeszkadzać w spożywaniu posiłków.

Harmonia Wyrażana przez kontrast lub zgodność. Tak jak w przyrodzie poszczególne elementy są i różnorodne, i podobne. Kontrast osiągnie się przez podanie kwadratowych kostek w okrągłych miseczkach, przez zderzenie ze sobą kolorów lub faktur składników.

Pusta przestrzeń Dostrzegalna na pierwszy rzut oka tendencja w japońskiej estetyce: brak elementów materialnych zaznacza istnienie niematerialnych, duchowych. Pustka podkreśla to, co chce się naprawdę pokazać.

Nieparzystość Koresponduje z zamiłowaniem do asymetrii, jest także związana z kosmologią chińską i zasadą yin-yang.

Skromność i prostota *Wabi i sabi* to naczelne wskazówki japońskiego podejścia do sztuki, w tym także kulinarnej. Masaru Imamura podkreśla: *Dania nie powinny być obfite, rażące swoim barbarzyńskim bogactwem. Powinno się używać składników najprostszych, pospolitych, przygotowanych jednak starannie, z poszanowaniem dla ich naturalnego kształtu i barwy. Elementy towarzyszące mają przypominać środowisko naturalne, dlatego potrawę kładzie się na świeżych liściach, pałeczki są tylko z grubsza zastruganymi szczapkami bambusa, naczynia – to najprostsza ceramika raku lub muszla małża.* Każde danie należy wykończyć specjalnym akcentem roślinnym. Kładzie się go zawsze z przodu, z prawej strony naczynia lub na szczycie potrawy.

Według Masaru Imamury w trakcie przyjęcia powinny być podawane kolejno: przystawki - *zatsuki*, zupa klarowana - *suimono*, surowa ryba - *mukōzuke*, danie specjalne - *kuchitori*, danie z rusztu - *hachi-zakana*, danie gotowane - *nimono*, sałata - *sunomono*, danie smażone - *yakimono*. Kolejnym daniem podanym na nowej tacy jest *ichizen-meshi to miso shirutsukemono* (składają się na nie: ryż *gohan*, zupa *miso*, warzywa kwaszone, w tym jadalne paprocie *warabi*). Kończy posiłek danie *tsukemono*, herbata - *bancha*, owoce - *kudamono*, deser zwany *kashi to ryokucha* z zieloną herbatą *sencha*.

Stół pełen niespodzianek

Japońska kuchnia jest prawdziwą sztuką. Ma dostarczać wrażeń estetycznych. Podawaniem posiłków, zwłaszcza dla gości lub na specjalne okazje, wciąż rządzą ustalone reguły. Bez ich znajomości nie można ocenić piękna symboliki japońskiego stołu, a już na pewno przygotować poczęstunku w stylu japońskim.

Potrawy na stole nie muszą być gorące, letnia temperatura pozwala zachować naturalny kolor produktów.

Dania dodatkowo mają zdobić stół, dlatego są układane w przemyślany sposób na odpowiednio dobranej zastawie. Talerze są porcelanowe lub z terakoty czy drewna. Niekiedy ich funkcję spełniają ozdobne liście roślin. Wszystkie te zbiegi służą podkreśleniu charakteru potrawy, podobnie jak sposób ustawienia zastawy czy dobór dekoracji. *Kazari*, czyli po prostu „ozdoba", w odniesieniu do kuchni znaczy dekorowanie dań kwiatami wycinanymi z warzyw.

Potrawy niezależnie od pory roku dekoruje się roślinami sezonowymi. Ale kwiaty są związane przede wszystkim z wiosną. W porze kwitnących wiśni urządza się specjalne pikniki wśród drzew. Jedna z odmian sushi nawiązuje do tej najpiękniejszej w Japonii pory roku. To tzw. *sakura chirashi-zushi*, czyli sushi z „kwiatem wiśni". Tak naprawdę jego funkcję pełni japońska rzodkiew *daikon* w różowawym kolorze. Rzodkiew jest biała, ale na tę okazję specjalnie ją się barwi.

W japońskich posiłkach nie ma pełnej dowolności, inwencję kucharza ograniczają ścisłe reguły. Wie on, że rybę w całości ma ułożyć w określony sposób na kwadratowym półmisku, a sałatki powinny być ułożone w ustalony sposób. Sosy zaś muszą stać w określonym miejscu i wyznaczonej odległości. Wreszcie wie też, że dobierając składniki i ich dekorację, powinien nawiązywać do pory roku.

Promieniowanie na świat

Przez wieki Japonia odwracała się od świata. Dzięki temu wykształciła oryginalną, nigdzie niespotykaną obyczajowość i kulturę, także kulinarną. Dziś, również w Polsce, mamy prawdziwą modę na wszystko, co pochodzi z Kraju Kwitnącej Wiśni. A japońska kuchnia cieszy się coraz większą popularnością.

Gaijin znaczy obcy

Japonia odwracała się plecami także do swoich sąsiadów. Choć z kultury, w tym i kuchni, Chin zaczerpnęła wiele pomysłów, wszystkie po swojemu łączyła z własną tradycją. Pozostała odmienna kulturowo, oryginalna, a przy tym hermetyczna. To zamknięcie się – i to dosłowne, bowiem Japończycy przez wieki nie wpuszczali do siebie cudzoziemców nazywanych *gaijin* – ukształtowało świat rządzący się własnymi regułami, niezrozumiałymi dla innych. Dlatego może przez prawie cały XX w. japońska kultura, w tym też obyczajowość, była znana nielicznym. Dopiero teraz zapanowała moda na japońszczyznę – w wystroju wnętrz czy sztuce kulinarnej.

Powstają, także w polskich miastach, nowe restauracje japońskie specjalizujące się już nie tylko w sushi. W większości hipermarketów można kupić zestawy do samodzielnego wykonania tej potrawy, japońskie sosy i octy, specjalny ryż, kuchenne narzędzia, zastawę stołową itd. Wszystkie te produkty można nabywać także poprzez wyspecjalizowane sklepy internetowe.

Zdrowo i ciekawie

Coraz więcej smakoszy nie tylko chodzi do japońskich restauracji, ale także chce przyrządzać japońskie specjały w domu. Czy dzieje się tak dlatego, że znudzona ludzkość poszukuje nowych doznań, także smakowych? A może dlatego, że ludzie Zachodu dostrzegli smukłe sylwetki Japończyków i zainteresowali się ich długowiecznością? Badania wykazały, że mieszkańcy Kraju Kwitnącej Wiśni jedzą najmniej kalorycznie. Amerykanin czy Francuz w ciągu dnia wchłania około 3500 kalorii, a Japończyk - 2600. W Japonii je się znacznie mniej mięsa, menu oparte na warzywach oraz rybach i innych produktach morza chroni przed chorobami układu krążenia. Występują one tutaj bardzo rzadko. Podobnie jak niektóre częste na Zachodzie rodzaje nowotworów. Warto skorzystać z takiej diety.

Od Japończyków można się nauczyć przywiązywania wagi do wszystkich aspektów codziennego życia, a więc i kuchni. Tego, że u jej podstaw leży filozofia, czyli takie podejście do życia, które pozwala się nim cieszyć. Zachwycając się ułożonymi na półmiskach porcjami, podziwiamy świat. Taki stosunek do rozkoszy stołu jest dla przedstawicieli kultury zachodniej niezwykle atrakcyjny i kuszący, jednak niewielu potrafi dorównać w tym Japończykom.

Spiżarnia po japońsku

Amatorzy przyrządzania japońskich potraw powinni się zaopatrzyć w zestaw podstawowych produktów oraz sosów, przypraw i dodatków. Na pewno wśród nich znajdzie się japoński ryż o krótkich ziarnach. Warto także kupić gotowe japońskie sosy, będą wśród nich: sojowy - słodszy od chińskiego, *teriyaki* - sojowy z dodatkiem wina przyprawowego *mirin* (znakomity do wszystkich potraw z grilla, nie tylko japońskich), *tonkatsu* - owocowo-warzywny z dodatkiem śliwek, *nikiri* - z sosu sojowego, z wywarem z wodorostów i ryby (*dashi*), winem *mirin*, *shōyū* i sake.

Ocet japoński *su*, także robiony z ryżu, ma wyjątkowo łagodny smak, bez niego na pewno nie przyrządzimy prawdziwie japońskiego ryżu do sushi. Możemy go jednak używać także do europejskich sosów *vinaigrette*, którymi przyprawimy sałatę. Wodorosty nadadzą wielu potrawom charakterystycznego smaku morza. Pokruszone można dodawać do sałatek i innych potraw, także dla ciekawego efektu kolorystycznego. Jeśli lubimy sushi, będziemy musieli kupić słynny zielony chrzan *wasabi*.

Pałeczki, czyli niezbędnik

Najczęściej wyrabiane są z bambusa lub innego miękkiego drewna. Długich pałeczek (30 cm lub więcej) używa się podczas gotowania, do mieszania, wyjmowania poszczególnych kąsków, a także (inny komplet) do ich podawania. Przed użyciem warto je zwilżyć, aby nie nasiąkały smakiem potraw. Pałeczki po japońsku nazywają się *hashi*. Bywają bogato rzeźbione. *Maribashi* to pałeczki pokryte laką. *Waribashi* - pałeczki jednorazowego użytku. Różnią się także przekrojem - bywają kwadratowe, okrągłe lub mieszane (na dole okrągłe u góry kwadratowe), zwężające się bardziej lub mniej.

Gdy są połączone, przed jedzeniem należy je rozłączyć. Jeśli były opakowane, po jedzeniu wkłada się je do tego samego opakowania i pozostawia na tacy, na której podano jedzenie. Nie kładzie się pałeczek poziomo na misce ani nie wbija pionowo w ryż. Na pałeczki nie nabija się kawałków potraw. Je się wyłącznie dolnym cieńszym końcem. Nie wolno podawać jedzenia z jednej pary *hashi* do drugiej. Wkładając kęsy do ust, nie powinno się dotykać warg pałeczkami. Nie wolno też ich oblizywać.

> PRZEPISY

TESTOWANE POTRÓJNIE

Ryż do sushi (sumeshi)

czas przygotowania: 10 minut + czas odcedzania; czas przyrządzania: 12 minut + czas oczekiwania

SKŁADNIKI: › 3 szklanki (600 g) białego ryżu krótkoziarnistego › 3 szklanki (750 ml) wody
OCET DO SUSHI: › 1/2 szklanki (125 ml) octu ryżowego › 1/4 szklanki (55 g) cukru › 1/2 łyżeczki soli

1 Wsyp ryż do dużej miski, zalej zimną wodą, wymieszaj. Odcedź. Powtórz czynność dwa lub trzy razy, aż woda będzie niemal przejrzysta. Odstaw ryż w sitku lub durszlaku przynajmniej na 30 min. W tym czasie przygotuj ocet do sushi.

2 Jeśli korzystasz z parowara do gotowania ryżu: Umieść odcedzony ryż i wodę w parowarze, zamknij pokrywę. Nastaw na funkcję „gotowanie". Kiedy urządzenie automatycznie przełączy się na „utrzymanie w cieple", poczekaj 10 min, zanim otworzysz pokrywę i wyjmiesz ryż.
Jeśli gotujesz ryż w garnku: Umieść odcedzony ryż i wodę w średniej wielkości garnku, przykryj, doprowadź do wrzenia. Zmniejsz płomień i gotuj na wolnym ogniu, pod przykryciem, ok. 12 min, aż woda wyparuje. Zdejmij ryż z ognia, odstaw do wystygnięcia, nie zdejmując pokrywki.

3 Przełóż ryż do dużej niemetalowej miski z płaskim dnem. Łopatką do ryżu, płaską drewnianą łyżką lub plastikową szpatułką krój ryż pod ostrym kątem, aby rozdrobnić powstałe grudy i odseparować ziarenka, cały czas w trakcie mieszania stopniowo dolewając do sushi ocet. Nie musisz wykorzystać całego octu, ryż nie powinien być nadmiernie mokry ani papkowaty.

4 Kontynuuj krojenie, podnosząc i przewracając ryż z brzegów do środka miski.

5 W tym czasie drugą ręką wachluj ryż, aż niemal całkiem ostygnie. Nie należy przesadzać z chłodzeniem, bo ryż może stwardnieć. Dzięki wykonaniu tych dwóch czynności jednocześnie uzyskasz klejące się do siebie, ale jednak odseparowane ziarenka ryżu. Podczas przyrządzania sushi ryż trzymaj przykryty wilgotnym ręcznikiem kuchennym, aby nie wysechł.

OCET DO SUSHI: Mieszaj w małej misce ocet ryżowy, cukier i sól, aż cukier się rozpuści. Mniej rygorystycznie trzymający się tradycyjnych zasad sposób przyrządzania octu do sushi polega na nieznacznym podgrzaniu mieszanki przed użyciem.

Rolki sushi z tuńczykiem (tekka-maki-sushi)

czas przygotowania: 20 minut; 6 rolek (36 kawałków)

SKŁADNIKI: › 3 arkusze prażonych wodorostów *yaki-nori* › średnia miska zimnej wody z dodatkiem 1 łyżki octu ryżowego › 3 szklanki przygotowanego ryżu do sushi › 1 łyżka *wasabi* › 200-gramowy filet z tuńczyka, pokrojony na plastry grubości 1 cm › 2 łyżki różowego marynowanego imbiru *gari* › $1/4$ szklanki japońskiego sosu sojowego (60 ml)

1. Złóż arkusz *yaki-nori* na pół, równolegle do linii zaznaczonych na chropowatej stronie wodorostu. Rozetnij wzdłuż zagięcia. Ułóż połowę arkusza na macie bambusowej błyszczącą stroną do dołu, ok. 2 cm od krawędzi maty.
2. Zwilż palce w wodzie z octem. Strzep nadmiar płynu. Nabierz około $1/2$ szklanki ryżu, uformuj prostokąt i ułóż na środku *yaki-nori*.
3. Ponownie zwilż palce, równomiernie rozprowadź ryż na powierzchni wodorostu, zostawiając 2-centymetrowy pas przeciwległej krawędzi. Uformuj kopczyk z ryżu przy pozostawionym „pustym" pasie.
4. Rozprowadź palcem odrobinę *wasabi* na środku ryżu, tworząc pasek.
5. Ułóż plastry tuńczyka na środku ryżu, w jednej linii z *wasabi*.
6. Roluj matę tak, aby *yoki-nori* owinęło się wokół ryżu i nadzienia. Cały czas delikatnie uciskaj formowaną rolkę. Ściśnij ją lekko, tak aby przybrała kwadratowy kształt.
7. Odwiń matę, połóż rolkę sushi na desce złączeniem do dołu. Przekrój rolkę na pół. Połówki ułóż obok siebie, tak aby stykały się jednym bokiem, i pokrój obie jednocześnie na trzy części. Przed każdym cięciem przecieraj nóż wilgotną ściereczką.
8. Powtórz czynności z pozostałymi połówkami arkuszy *yaki-nori*. Danie podawaj z tuńczykiem, *wasabi*, marynowanym imbirem i sosem sojowym. Każdy dodatek serwuj oddzielnie.

Grube rolki (futo-maki-sushi)

czas przygotowania: 20 minut; 4 rolki (32 kawałki)

SKŁADNIKI: › 4 arkusze prażonych wodorostów *yaki-nori* › średnia miska zimnej wody z 1 łyżką octu ryżowego › 4 szklanki przygotowanego ryżu do sushi › 2 łyżki *wasabi* › 4 paski (0,5 x 18 cm) marynowanej rzodkwi *daikon* (*takuan*) › 200-gramowy filet z tuńczyka, pokrojony w plastry grubości 1 cm › 1 libański ogórek (130 g), przepołowiony, pozbawiony pestek, pokrojony na plasterki › 1/2 porcji grubego omletu, pokrojonego w paski grubości 1 cm › 4 paski suszonej tykwy (suszonego *kampyō*) › 1/4 szklanki suszonych płatków dorsza (*denbu*) (20 g) › 2 łyżki różowego marynowanego imbiru (*gari*) › 1/4 szklanki japońskiego sosu sojowego (60 ml)

1. Ułóż arkusz *yaki-nori* błyszczącą stroną do dołu na macie bambusowej 2 cm od krawędzi.
2. Zwilż palce w wodzie z octem. Strzep nadmiar płynu. Nabierz ok. 1/4 ryżu i ułóż na środku *yaki-nori*.
3. Ponownie zwilż palce, równomiernie rozprowadź ryż na powierzchni wodorostu, zostawiając 2-centymetrowy pas przy bardziej oddalonej krawędzi. Uformuj niewielki kopczyk z ryżu przy pozostawionym „pustym" pasie.
4. Rozprowadź palcem odrobinę *wasabi* przez środek ryżu, tworząc wąski pasek. Ułóż w kolejnych rzędach, poczynając od miejsca posmarowanego *wasabi*, ok. 1/4 wszystkich przygotowanych składników: marynowanej rzodkwi *daikon*, tuńczyka, ogórka, omletu, tykwy i suszonych płatków dorsza.
5. Kciukiem i palcem wskazującym obu dłoni unieś brzeg maty, znajdujący się bliżej ciebie, pozostałymi palcami podtrzymuj nadzienie, aby nie wypadło z sushi w trakcie zwijania. Roluj matę, tak aby *yaki-nori* owinęło się wokół ryżu i nadzienia. Delikatnie, ale ciasno uciskaj formowaną rolkę, aby przybrała kwadratowy kształt.
6. Odwiń matę, połóż rolkę sushi na desce złączeniem do dołu. Przekrój na pół. Połówki ułóż obok siebie, tak aby stykały się jednym bokiem, i przepołów obie jednocześnie. Powstałe ćwiartki przekrój jeszcze raz na pół, uzyskując łącznie 8 kawałków. Przed każdym kolejnym cięciem przecieraj nóż wilgotną ściereczką.
7. Powtórz wszystkie wymienione czynności z pozostałymi arkuszami wodorostów, ryżem i składnikami nadzienia, dokładając do każdej rolki odrobinę *wasabi*. Podawaj z pozostałym *wasabi*, marynowanym imbirem i sosem sojowym.

Rolki z ryżem na zewnątrz (ura-maki-sushi)

czas przygotowania: 20 minut; 4 rolki (32 kawałki)

SKŁADNIKI: › 2 arkusze prażonych wodorostów (*yaki-nori*) › średnia miska zimnej wody z 1 łyżką octu ryżowego › 4 szklanki ryżu do sushi › 2 łyżki kawioru z latającej ryby (*tobiuo-ko*) › 1 łyżeczka prażonego czarnego sezamu › 1 1/2 łyżki *wasabi* › 1/2 libańskiego ogórka (65 g), przepołowionego, pozbawionego pestek, pokrojonego na plasterki › 4 duże ugotowane krewetki (200 g), obrane z pancerzyków, pozbawione przewodów pokarmowych, przekrojone wzdłuż na pół › 4 paski (0,5 x 18 cm) marynowanej rzodkwi *daikon* (*takuan*) › 1 1/2 łyżki czerwonego marynowanego imbiru (*beni-shōga*) › 2 łyżki różowego marynowanego imbiru (*gari*) › 1/4 szklanki japońskiego sosu sojowego (60 ml)

1. Ułóż połowę arkusza błyszczącą stroną do dołu na macie bambusowej 2 cm od krawędzi maty. Zwilż palce w wodzie z octem. Nabierz ok. 1/4 ryżu i ułóż na środku *yaki-nori*, równomiernie rozprowadź ryż po arkuszu.
2. Posyp ryż 1/4 kawioru i czarnego sezamu. Przykryj kawałkiem folii. Ostrożnie podnieś bambusową matę, odwróć ją do góry nogami, układając arkusz wodorostu ryżem do dołu. Chwyć folię z obu stron i ponownie połóż sushi na macie, 2 cm od krawędzi znajdującej się bliżej ciebie. Rozprowadź palcem odrobinę *wasabi* przez środek *yaki-nori*, ułóż regularnie kolejne rzędy nadzienia złożone z 1/4 ogórka, krewetek, marynowanej rzodkwi *daikon* i marynowanego czerwonego imbiru.
3. Kciukiem i palcem wskazującym obu dłoni unieś brzeg maty i folię, pozostałymi palcami podtrzymuj nadzienie, aby nie wypadło z sushi. Roluj matę tak, aby *yaki-nori* owinęło się wokół ryżu i nadzienia. Delikatnie, ale ciasno uciskaj formowaną rolkę. Odwiń matę. Zostaw rolkę w foliowej otoczce.
4. Przetrzyj ostry nóż wilgotną ściereczką, przekrój na pół rolkę zawiniętą w folię, a powstałe połówki jeszcze raz na ćwiartki, uzyskując 8 kawałków. Przed każdym cięciem przecieraj nóż wilgotną ściereczką. Odwiń folię i podawaj rolki ułożone ryżem na zewnątrz z pozostałym *wasabi*, różowym marynowanym imbirem i sosem sojowym.

Ręcznie rolowane (temaki-sushi)

czas przygotowania: 30 minut; 16 rolek

SKŁADNIKI: › 3 szklanki przygotowanego ryżu do sushi › 4 arkusze prażonych wodorostów (*yaki-nori*) › 1 duże awokado (320 g) › 1 łyżka soku z cytryny › 2 łyżki majonezu › 1 łyżka *wasabi* › 4 japońskie paluszki krabowe, pokrojone wzdłuż na ćwiartki › 1 libański ogórek (130 g), przepołowiony, pozbawiony pestek, pokrojony wzdłuż na 16 plasterków › 1 łyżeczka prażonego czarnego sezamu › 1/2 szklanki japońskiego sosu sojowego (125 ml) › 2 łyżki różowego marynowanego imbiru (*gari*)

1 Nałóż ryż na niemetalowy półmisek, przykryj wilgotną ściereczką. Każdy arkusz *yaki-nori* rozetnij na ćwiartki, przykryj kawałkiem folii, aż do rozpoczęcia posiłku (wodorosty muszą być trzymane pod przykryciem, gdyż w przeciwnym razie miękną i fałdują się). Pokrój awokado na cienkie plasterki, skrop sokiem z cytryny, aby nie zmieniło koloru. Wymieszaj w miseczce majonez z *wasabi*. Przykryj.

2 Połóż ćwiartkę arkusza wodorostu, błyszczącą stroną do dołu po przekątnej na lewej dłoni, zwilż palce prawej ręki w wodzie z octem. Strzep nadmiar płynu. Nałóż ok. 2 łyżek ryżu na środek *yaki-nori*, palcami rozprowadź go w kierunku górnego rogu. Wydrąż pionowy rowek w ryżu, przygotowując miejsce na nadzienie.

3 Jednym palcem prawej ręki rozprowadź odrobinę mieszanki majonezu z *wasabi* w wydrążonym rowku, następnie nałóż po plasterku awokado, paluszków krabowych i ogórka, na końcu posyp szczyptą sezamu.

4 Złóż jedno „skrzydło" wodorostu, przyklejając je do ryżu, załóż drugie na pierwsze, formując stożek. Możesz też zagiąć końcówkę stożka.

5 Ręcznie zwijane sushi maczaj w sosie sojowym. Jeśli chcesz, udekoruj je płatkiem marynowanego imbiru. Jedz od razu po przygotowaniu.

Ręcznie formowane (nigiri-sushi)

czas przygotowania: 20 minut; 30 kawałków

SKŁADNIKI: › średnia miska zimnej wody z 1 łyżką octu ryżowego › 3 szklanki ryżu do sushi › 350 g filetu z tuńczyka, pokrojonego na cienkie plasterki › 2 łyżeczki *wasabi* › 1/4 szklanki japońskiego sosu sojowego (60 ml)

1. Zwilż palce obu dłoni w wodzie z octem. Strzep nadmiar płynu. Nabierz prawą ręką ok. 1 łyżkę ryżu, delikatnie go ugniatając i formując prostokątny kształt z zaokrąglonymi krawędziami.
2. Palcem wskazującym i kciukiem lewej ręki weź plasterek pokrojonej ryby. Koniuszkiem palca wskazującego prawej ręki rozprowadź przez środek ryby odrobinę *wasabi*.
3. Ułóż rybę w zagłębieniu lewej dłoni, nałóż porcję ryżu.
4. Przygnieć górną krawędź ryżu kciukiem lewej ręki, aby nie wystawał za rybę. Palcem wskazującym i palcem środkowym prawej ręki przyciśnij delikatnie ryż do ryby, aby składniki do siebie przywarły.
5. Odwróć kawałek sushi rybą do góry, delikatnie przyciśnij ją do ryżu palcem wskazującym i palcem środkowym prawej ręki, jednocześnie zabezpieczając górne ujście kciukiem, aby ryż nie został wyciśnięty.
6. Wyrównaj brzegi kawałka kciukiem z jednej strony, a palcem wskazującym z drugiej.
7. Odwróć *nigiri-sushi* rybą do dołu i ponownie dociśnij ryż do ryby palcem wskazującym i palcem środkowym prawej ręki.
8. Podawaj z dodatkiem sosu sojowego w oddzielnej miseczce.

Suszone sakiewki z tofu (inari-sushi)

czas przygotowania: 15 minut; czas przyrządzania: 15 minut; dla 8 osób

SKŁADNIKI: › 8 suszonych sakiewek z tofu (osłodzone *abura-age*) › 1 łyżeczka prażonego czarnego sezamu › 1 libański ogórek (130 g), przepołowiony, pozbawiony pestek, drobno pokrojony w kostkę › 1½ szklanki przygotowanego ryżu do sushi › średnia miska zimnej wody z 1 łyżką octu ryżowego › 8 pasków suszonej tykwy (suszone *kampyō*) › 1 łyżeczka czerwonego marynowanego imbiru (*beni-shōga*)

1 Ostrożnie rozetnij jeden brzeg sakiewki, delikatnie rozepchnij kieszeń palcami, przygotowując miejsce na nadzienie.

2 Odłóż odrobinę ziarenek sezamu na przybranie, resztę wraz z ogórkiem wymieszaj z ryżem.

3 Zwilż palce w wodzie z octem. Strzep nadmiar płynu. Nabierz prawą ręką ok. ⅛ ryżu, następnie delikatnie napełnij jedną sakiewkę, pamiętając, by nadzienie dostało się w rogi. Staraj się nie przepełnić kieszeni.

4 Zagnij jeden otwarty brzeg sakiewki do wnętrza napełnionego ryżem, następnie drugi brzeg załóż na pierwszy, zamykając nadzienie. Odwróć sakiewkę złączeniem do dołu.

5 Obwiąż paskiem tykwy, robiąc luźny supełek u góry. Udekoruj czerwonym marynowanym imbirem i odłożonymi wcześniej ziarnami sezamu. Powtórz wszystkie czynności z pozostałymi składnikami.

Z tuńczyka

czas przygotowania: 10 minut + czas namaczania; dla 4 osób

SKŁADNIKI: › 3/4 szklanki rzodkwi *daikon* (200 g) drobno poszatkowanej › 400 g filetu z tuńczyka (*maguro*) › 2 łyżeczki *wasabi* › 2 łyżki różowego marynowanego imbiru (*gari*) › 1/4 szklanki (80 ml) japońskiego sosu sojowego

1. Mocz przez 15 min rzodkiew *daikon* w lodowatej wodzie. Dokładnie odcedź.
2. Połóż tuńczyka na desce do krojenia. Trzymając jedną ręką pozbawiony skóry filet, pokrój rybę bardzo ostrym nożem prostopadle do deski na plastry o grubości 6 mm.
3. Rozłóż tuńczyka na talerze, obok uformuj kopczyk z drobno poszatkowanej rzodkwi *daikon*.
4. Udekoruj talerze kopczykiem *wasabi* i marynowanym imbirem. Podawaj z sosem sojowym w oddzielnej miseczce.

Rolki z warzywami

czas przygotowania: 20 minut; 18 rolek

SKŁADNIKI: › 200 g filetu dowolnej ryby › ½ libańskiego ogórka (65 g), przepołowionego wzdłuż › ¼ czerwonej papryki (50 g) › 1 cebula dymka (zielona część) › ¼ szklanki japońskiego sosu sojowego

1. Naostrz i wytrzyj nóż. Pokrój filet na plasterki grubości kartki papieru.
2. Wydrąż pestki z ogórka. Odkrój szypułki, wytnij gniazdo nasienne z papryki. Pokrój ogórka, paprykę i cebulę w długie, cienkie paski. Przytnij paski do mniej więcej tej samej długości co szerokość plasterków ryby.
3. Umieść plasterek filetu na desce, na jednym z brzegów ułóż dwa kawałki każdego warzywa. Zwiń rybę, otaczając nadzienie. Powtórz czynności z pozostałymi składnikami. Podawaj rolki *sashimi* z dodatkiem sosu sojowego w oddzielnej miseczce.

Z łososia z cytryną

czas przygotowania: 20 minut + czas oczekiwania; czas przyrządzania: 5 minut; dla 4 osób

SKŁADNIKI: › 1 1/2 szklanki (360 g) drobno poszatkowanej rzodkwi *daikon* › 1 marchewka (70 g), drobno poszatkowana › 400 g filetu z łososia › 2 łyżeczki *wasabi* › 1 łyżka różowego marynowanego imbiru (*gari*)

CYTRYNOWY SOS : › 1/2 szklanki (125 ml) octu ryżowego › 1/4 szklanki (55 g) cukru pudru › 1 łyżeczka jasnego sosu sojowego › 1/4 łyżeczka drobno startej skórki cytrynowej › 1 cebula dymka (zielona cześć), drobno posiekana

1. W oddzielnych miskach zalej lodowatą wodą rzodkiew *daikon* i marchewkę, odstaw na 15 min. Odcedź, dokładnie wymieszaj i ułóż kopczyki na talerzach.
2. Pod kątem 45° pokrój ostrym nożem filet z łososia na cienkie plasterki. Przykryj folią spożywczą, aby nie wyschły. Zroluj ciasno jeden plasterek, następnie owiń wokół niego kolejne trzy lub cztery kawałki, tak aby całość przypominała różę. Powtórz czynność z pozostałym łososiem. Powinieneś uzyskać łącznie ok. 12 róż.
3. Rozłóż je na talerze obok rzodkwi *daikon* i marchewki.
4. Uformuj listki z *wasabi*, ułóż na talerzach. Podawaj z marynowanym imbirem i cytrynowym sosem do maczania w oddzielnych naczyniach.

CYTRYNOWY SOS: Podgrzej w małym rondlu ocet, cukier i sos sojowy, ciągle mieszając, aż cukier się rozpuści. Zdejmij z ognia, dodaj skórkę cytrynową, odstaw na 10 min. Rozlej do miseczek, usuń skórkę. Dosyp cebulę.

Z tuńczyka z sałatką wasabi

czas przygotowania: 15 minut, dla 4 osób

SKŁADNIKI: › 400 g filetu z tuńczyka › 1 awokado (250 g) › 1 szklanka majonezu (300 g) › 1 łyżka *wasabi* › 1 łyżeczka soku cytrynowego › 6 cebul dymek (zielona część), pokrojonych › 4 liście sałaty lodowej › 1 łyżeczka prażonego czarnego sezamu › 1 łyżka czerwonego marynowanego imbiru (*beni-shōga*)

1 Pokrój tuńczyka i obrane awokado na sześciany o boku 1,5 cm. Wymieszaj w dużej misce majonez, *wasabi* i sok, dołóż kostki tuńczyka i awokado. Dodaj wszystkie pozostałe składniki, odkładając jedynie 2 łyżki cebuli. Wymieszaj.

2 Nałóż sałatkę *sashimi* z tuńczykiem na liście sałaty, posyp sezamem i pozostałą cebulą. Przełóż do misek. Podawaj z marynowanym imbirem w oddzielnej miseczce.

Z marynowanego łososia

czas przygotowania: 20 minut + czas marynowania; dla 4 osób

SKŁADNIKI: › 500 g filetu z łososia › 2 łyżeczki startego świeżego imbiru › 1 ząbek czosnku, zmiażdżony › 1 łyżeczka brązowego cukru › 2 łyżki japońskiego sosu sojowego › 1/2 szklanki (125 ml) sake › 4 cebule dymki (jedynie zielona część), drobno posiekane › 2 łyżeczki prażonego białego sezamu

1 Pokrój łososia na paski grubości 1 cm.

2 Do średniej wielkości miski wrzuć imbir, czosnek, cukier, sake i połowę cebuli. Mieszaj, aż cukier się rozpuści. Dodaj łososia, wymieszaj, tak aby paski ryby dokładnie pokryły się marynatą. Przykryj miskę, wstaw do lodówki na 30 min.

3 Uformuj z nieodsączonego łososia kopczyk na talerzach. Posyp sezamem i pozostałą cebulą.

Sałatka z tuńczyka z sosem miso

czas przygotowania: 20 minut + czas marynowania; czas przyrządzania: 5 minut; dla 4 osób

SKŁADNIKI: › 350 g filetu z tuńczyka › 2 łyżki octu do sushi › 4 cebule dymki (zielona część), drobno posiekane

SOS MISO: › 2 łyżki białego *miso* › 1 łyżka *mirin* › 1 łyżka sake › 1 łyżka cukru › 2 łyżki octu ryżowego › 1 łyżeczka japońskiego sosu sojowego › 1/4 łyżeczki japońskiej musztardy

1 Pokrój tuńczyka w 2-centymetrową kostkę lub na cienkie plasterki. Przełóż do średniej miski z octem. Odstaw pod przykryciem na 15 min.

2 Odsącz tuńczyka (marynata nie będzie już potrzebna). Osusz tuńczyka papierowym ręcznikiem, umieść w średniej misce zawierającej schłodzony dressing *miso*. Wymieszaj delikatnie, rozłóż do misek, posyp cebulą. Możesz podać z dodatkiem *wasabi* lub japońskiej musztardy.

SOS MISO: Gotuj na małym ogniu w rondelku *miso*, *mirin*, sake i cukier, cały czas mieszając, aż cukier się rozpuści. Zdejmij z ognia, odstaw na 10 min, dodaj ocet, sos sojowy i musztardę. Wstaw do lodówki pod przykryciem, aż do rozpoczęcia posiłku.

Miso z wieprzowiną i zieloną fasolką

czas przygotowania: 15 minut; czas przyrządzania: 10 minut; dla 4 osób

SKŁADNIKI: › 4 szklanki *dashi* (1 l) › 100 g polędwiczki wieprzowej, pokrojonej na plastry › 8 zielonych fasolek, pokrojonych na 2-centymetrowe kawałki › 1/4 szklanki czerwonej pasty *miso* (*karakuchi*) (75 g) › 2 łyżeczki świeżego soku imbirowego › 2 cebule dymki, drobno posiekane

1 Zagotuj *dashi* w średnim rondlu. Dodaj wieprzowinę i fasolkę, znów zagotuj. Zmniejsz płomień i gotuj bez przykrycia 2 min.

2 Przełóż *miso* (*karakuchi*) do małej miski. Stopniowo dolewaj 1 szklankę gorącego *dashi*, cały czas mieszając, aż *miso* się rozpuści. Przelej całość do rondla z pozostałym *dashi*. Wymieszaj, zagotuj i zdejmij z ognia.

3 Rozlej zupę do misek. Do każdej dodaj 1/2 łyżeczki soku imbirowego i posyp cebulą.

Jarzynowa

czas przygotowania: 10 minut; czas przyrządzania: 15 minut; dla 4 osób

SKŁADNIKI: › kawałek rzodkwi *daikon* (3 x 5 cm) (60 g) › 1 mały ziemniak (120 g) › 1 mała marchewka (70 g) › 2 cebule dymki › 60 g zielonej fasolki › 2 łyżeczki oleju roślinnego › 4 szklanki *dashi* (1 l) › 1½ łyżki japońskiego sosu sojowego › 2 świeże grzyby shiitake, pokrojone na ćwiartki › połowa 227-gramowej puszki pokrojonych pędów bambusa, odsączonych, opłukanych › 1 łyżeczka mieszanki siedmiu ziół (*shichimi tōgarashi*)

1. Rzodkiew *daikon* i ziemniaka podziel na ćwiartki i pokrój na plasterki. Przepołów wzdłuż marchewkę, pokrój na plasterki. Pokrój ukośnie cebulę na plasterki grubości 1 cm, a fasolkę na plasterki grubości 2 cm.
2. Rozgrzej olej w dużym rondlu, smaż rzodkiew, ziemniaka i marchewkę, cały czas mieszając, aż warzywa się przyrumienią.
3. Dodaj *dashi* i sos sojowy, zagotuj. Zmniejsz płomień i gotuj bez przykrycia 5 min, aż marchewka zmięknie. Dołóż cebulę, fasolkę, grzyby i pędy bambusa. Gotuj na małym ogniu bez przykrycia 2 min, aż warzywa zmiękną.
4. Rozlej zupę do misek, posyp mieszanką siedmiu ziół.

Klarowna z tofu i wakame

czas przygotowania: 15 minut;
czas przyrządzania: 10 minut; dla 4 osób

SKŁADNIKI: › 5 g suszonych wodorostów (*wakame*) › 200 g zbitego tofu, pokrojonego na 8 plasterków › 4 szklanki *dashi* (1 l) › 1 łyżka sake › 2 łyżeczki jasnego sosu sojowego › 1 łyżeczka drobno posiekanej skórki cytrynowej

1. Umieść *wakame* w małej misce, zalej zimną wodą, odstaw na 10 min, aż zmięknie. Odcedź. Posiekaj grubo, usuwając twardsze nerwy.
2. W tym czasie, używając foremki do wykrajania ciastek o średnicy 3,5 cm, wytnij kwiatek z każdego plasterka tofu.
3. Nałóż *wakame* i tofu do misek.
4. W średnim rondlu doprowadź *dashi* do wrzenia. Dolej sake i sos sojowy. Rozlej zupę do misek, posyp skórką cytrynową.

Z wołowiną i ryżem

czas przygotowania: 10 minut;
czas przyrządzania: 10 minut; dla 4 osób

SKŁADNIKI: › 5 szklanek *dashi* (1¼ l) › 3 łyżeczki jasnego sosu sojowego › 4 szklanki ugotowanego ryżu *koshihikari* (600 g), gorącego › 150 g chudej polędwicy wołowej, pokrojonej na plasterki grubości kartki papieru › 2 łyżeczki prażonego białego sezamu › 2 cebule dymki, drobno posiekane › 1 łyżka *wasabi*

1 Doprowadź do wrzenia *dashi* i sos sojowy w średnim rondlu.

2 Nałóż gorący ryż do misek, ułóż wołowinę, sezam i cebulę na wierzchu ryżu. Rozlej równomiernie gorące *dashi* do misek, starając nie przemieścić elementów aranżacji. Podawaj natychmiast z dodatkiem *wasabi* w oddzielnym naczyniu.

Klarowna z krewetkami i szpinakiem

czas przygotowania: 20 minut; czas przyrządzania: 15 minut; dla 4 osób

SKŁADNIKI: › 4 średnie surowe krewetki (100 g) › 50 g liści młodego szpinaku › 4 paski (1 x 4 cm) skórki cytrynowej › 4 szklanki *dashi* (1 l) › 2 łyżeczki jasnego sosu sojowego

1. Obierz krewetki z pancerzyków, z grzbietów usuń przewody pokarmowe, zostawiając ogonki. Rozetnij spód krewetki, rozpłaszcz ją na desce, wytnij niewielki otwór na grzbiecie, przełóż przez niego ogonek.
2. Gotuj we wrzątku bez przykrycia 1 min, aż zmienią kolor. Osusz ręcznikiem papierowym.
3. Gotuj w wodzie, na parze lub w mikrofalówce szpinak, aż zmięknie. Opłucz zimną wodą. Rozłóż równomiernie na bambusowej macie do przyrządzania sushi, następnie zwiń matę, wyciskając nadmiar płynu.
4. Zaczynając od przeciwstawnych końców prostokątnego paska skórki cytrynowej zrób dwa nacięcia wzdłuż obu długich boków, zatrzymując się kilka milimetrów od końca, obróć, formując trójkąt.
5. W średnim rondlu zagotuj *dashi*, dolej sos sojowy.
6. Nałóż do misek szpinak i krewetki ogonkami do góry. Rozlej zupę. Udekoruj trójkątami ze skórki cytrynowej.

Bulion z łososia i miso z grzybami shiitake

czas przygotowania: 10 minut; czas przyrządzania: 30 minut; dla 4 osób

SKŁADNIKI: › 1 kg ości i łbów łososia › 1 mała brązowa cebula (80 g), pokrojona na ćwiartki › 5 szklanek wody (1,25 l) › 1/4 szklanki białego *miso* (*shiro miso*) (60 g) › 4 grzyby shiitake, pokrojone na cienkie plasterki › 2 łyżeczki świeżego soku imbirowego › 16 kiełków śnieżnego groszku, przyciętych do 4 cm › 1/3 szklanki rzodkwi *daikon* (80 g), drobno posiekanej

1. W dużym rondlu umieść ości i łby łososia, cebulę i wodę. Zagotuj, zmniejsz płomień i gotuj bez przykrycia 20 min. Usuń ości, łby i cebulę z bulionu. Przefiltruj wywar przez muślinowe sito nad miską, następnie z powrotem przelej do umytego rondla.
2. Przełóż *miso* do miski, stopniowo dolewaj 1 szklankę gorącego bulionu, jednocześnie cały czas mieszając, aż *miso* się rozpuści. Przelej do rondla z pozostałym wywarem, wymieszaj.
3. Dodaj grzyby, chwilę gotuj na małym ogniu. Zdejmij z ognia, dolej sok imbirowy.
4. Rozlej zupę do misek, udekoruj kiełkami i rzodkwią *daikon*.

Kurczak i jajko na ryżu (oyaku donburi)

czas przygotowania: 10 minut + czas oczekiwania;
czas przyrządzania: 10 minut; dla 4 osób

SKŁADNIKI: › 4 suszone grzyby shiitake › 1/2 szklanki *dashi* (125 ml) › 1/4 szklanki japońskiego sosu sojowego (60 ml) › 2 łyżki *mirin* › 1 łyżeczka cukru › 100 g filetów z piersi kurczaka, pokrojonych na cienkie plasterki › 1 por (200 g), pokrojony na cienkie plasterki › 6 jajek, lekko roztrzepanych › 4 szklanki ryżu *koshihikari* (600 g), gotowanego gorącego › 2 łyżki drobno posiekanego świeżego szczypiorku

1. Umieść grzyby w małej żaroodpornej misce, zalej wrzątkiem, odstaw na 20 min, aż zmiękną, odcedź. Usuń trzonki, kapelusze przepołów.
2. W tym czasie na dużej patelni doprowadź do wrzenia *dashi*, sos sojowy, *mirin* i cukier.
3. Dodaj kurczaka, pora i grzyby. Gotuj, pod przykryciem 3 min, aż kurczak zmięknie.
4. Wlej do mieszanki z kurczakiem roztrzepane jajka. Gotuj na małym ogniu pod przykryciem 2 min.
5. Nałóż ryż do misek, przykryj mieszanką z kurczakiem, posyp szczypiorkiem.

Potrawa jednogarnkowa z makaronem udon

czas przygotowania: 15 minut + czas oczekiwania; czas przyrządzania: 20 minut; dla 4 osób

SKŁADNIKI: › 400 g suszonego grubego makaronu *udon* › 200 g filetu z piersi kurczaka, grubo pokrojonego › 2 łyżeczki japońskiego sosu sojowego › 2 łyżeczki sake › 250 g szpinaku, oczyszczonego › 2$^1/_2$ szklanki *dashi* (625 ml) › 2 łyżki jasnego sosu sojowego › 1 łyżka *mirin* › 1 średnia marchewka (120 g), pokrojona na cienkie plasterki › 4 świeże grzyby shiitake, pokrojone na cienkie plasterki › 2 cebule dymki, grubo pokrojone › 4 jajka › $^1/_4$ łyżeczki mieszanki siedmiu ziół (*shichimi tōgarashi*)

1 Gotuj makaron w dużym rondlu napełnionym wrzącą wodą bez przykrycia, aż zmięknie, odcedź. Opłucz pod zimną wodą, odcedź.

2 W małej misce wymieszaj kurczaka, japoński sos sojowy i sake. Odstaw pod przykryciem na 10 min.

3 Gotuj w wodzie, na parze lub w mikrofalówce szpinak, aż zmięknie. Opłucz pod zimną wodą. Wyciśnij nadmiar płynu. Pokrój na cienkie plasterki.

4 W średniej wielkości rondlu zmieszaj *dashi*, jasny sos sojowy i *mirin*. Zagotuj. Utrzymaj ciepłe.

5 Nalej $^1/_2$ szklanki (125 ml) bulionu do małego rondla, dołóż marchewkę, gotuj przez 2 min. Dodaj kurczaka, gotuj następne 2 min. Dodaj grzyby i gotuj jeszcze 1 min, aż kurczak zmięknie.

6 Rozłóż makaron do czterech żaroodpornych naczyń o objętości 2$^1/_2$ szklanki (625 ml). Ułóż na makaronie marchewkę, kurczaka, grzyby, szpinak i cebulę. Zalej bulionem.

7 Przykryj naczynia, doprowadź do wrzenia. Spodem drewnianej łyżki zrób w makaronie małe wgłębienie, wbijaj pojedynczo jajka do małej miski i zsuwaj je kolejno do każdego wgłębienia. Przykryj naczynia, zdejmij z ognia, odstaw pod przykryciem, aż jajka się zetną. Przed podaniem przypraw każdą z porcji szczyptą mieszanki siedmiu ziół.

Wołowina w sosie sojowym na słodko na ryżu

czas przygotowania: 10 minut; czas przyrządzania: 10 minut; dla 4 osób

SKŁADNIKI: › 200 g makaronu *shirataki*, odcedzonego › ½ szklanki japońskiego sosu sojowego (125 ml) › 1 łyżka cukru › ¼ szklanki *mirin* albo innego słodkiego białego wina (60 ml) › 300 g polędwicy wołowej, pokrojonej na plasterki grubości kartki papieru › 2 cebule dymki, pokrojone ukośnie na 2-centymetrowe plastry › 2 łyżeczki świeżego soku imbirowego › 5 szklanek ryżu *koshihikari* (920 g), gotowanego, gorącego

1. Włóż makaron do średniego rondla z gotującą się wodą, doprowadź do wrzenia. Gotuj 1 min, rozdzielając nitki makaronu pałeczkami. Odcedź makaron, pokrój na kawałki długości 10 cm.
2. W średnim rondlu doprowadź do wrzenia sos sojowy, cukier i *mirin*. Dodaj wołowinę, gotuj, mieszając, aż wołowina zmieni kolor. Odcedź mięso nad średnią żaroodporną miską, wlej sos z powrotem do rondla.
3. Dołóż cebulę i makaron, gotuj na wolnym ogniu przez 3 min, aż cebula się zeszkli. Przełóż wołowinę z powrotem do rondla, dolej sok imbirowy. Gotuj jeszcze chwilę.
4. Rozłóż ryż do misek, przykryj wołowiną i makaronem, polej ok. 60 ml sosu.

Schłodzony makaron soba

czas przygotowania: 5 minut; czas przyrządzania: 15 minut; dla 4 osób

SKŁADNIKI: › 250 g suszonego makaronu *soba* › 3/4 szklanki *dashi* (180 ml) › 2 łyżki japońskiego sosu sojowego › 2 łyżki *mirin* › 1/2 łyżeczki cukru › 2 cebule dymki, drobno posiekane › 1 łyżeczka *wasabi* › 1/2 arkusza prażonych wodorostów (*yaki-nori*), pokrojonego na cienkie plasterki

1. W dużym rondlu z wrzącą wodą gotuj makaron bez przykrycia, aż zmięknie, odcedź, zahartuj.
2. Gotuj *dashi*, sos sojowy, *mirin* i cukier w małym rondlu, mieszając, aż cukier się rozpuści. Sos do maczania odstaw do wystygnięcia.
3. Rozlej do czterech misek. Cebulę i *wasabi* podawaj w dodatkowych miskach.
4. Przed podaniem przełóż makaron do sita i zanurz w lodowatej wodzie, aby go schłodzić. Odcedź i nałóż na talerze, udekoruj paskami prażonych wodorostów.
5. Kęsy makaronu należy namaczać w sosie, do którego można dodawać cebulę oraz *wasabi* według uznania.

Makaron soba w bulionie

czas przygotowania: 10 minut; czas przyrządzania: 15 minut; dla 4 osób

SKŁADNIKI: › 200 g suszonego makaronu *soba* › 3 szklanki pierwszego *dashi* (750 ml) › 1/4 szklanki japońskiego sosu sojowego (60 ml) › 2 łyżki *mirin* › 1 łyżeczka cukru › 1 łyżka oleju roślinnego › 400 g filetów z piersi kurczaka, pokrojonych na cienkie plasterki › 2 średnie pory (700 g), pokrojone na plasterki › 1/4 łyżeczki mieszanki siedmiu ziół (*shichimi tōgarashi*)

1 Gotuj makaron w dużym rondlu napełnionym wrzącą wodą bez przykrycia, aż zmięknie. Odcedź. Przykryj, aby nie wystygł.
2 Wymieszaj *dashi*, 2 łyżki sosu sojowego, połowę *mirin* i połowę cukru w średnim rondlu, doprowadź do wrzenia. Zdejmij z ognia, przykryj bulion, aby nie wystygł.
3 Rozgrzej olej na średniej patelni, usmaż kurczaka i por, cały czas mieszając. Dolej pozostały sos i *mirin*, dosyp resztę cukru, doprowadź do wrzenia.
4 Równomiernie rozłóż makaron do misek, nałóż na wierzch mieszankę z kurczakiem i zalej bulionem. Przypraw szczyptą mieszanki siedmiu ziół.

Smażony makaron soba

czas przygotowania: 15 minut; czas przyrządzania: 20 minut; dla 4 osób

SKŁADNIKI: › 250 g suszonego makaronu *soba* › 1 łyżka oleju sezamowego › 2 łyżki oleju roślinnego › 300 g mielonej wieprzowiny › 1 średnia brązowa cebula (150 g), pokrojona na 8 kawałków › 1 ząbek czosnku, zmiażdżony › 1 łyżeczka startego świeżego imbiru › 10 szklanek kapusty (500 g), drobno poszatkowanej › 1 średnia czerwona papryka (200 g), pokrojona na cienkie plasterki › 2 łyżki czerwonego marynowanego imbiru (*beni-shōga*) › 2 łyżeczki poszatkowanych suszonych wodorostów (*ao-nori*)
SOS: › 1 łyżka cukru › 1/4 szklanki *mirin* (60 ml) › 2 łyżki sake › 1/4 szklanki japońskiego sosu sojowego (60 ml)

1 Gotuj makaron w dużym rondlu napełnionym wrzącą wodą bez przykrycia, aż zmięknie.
2 Rozgrzej w woku lub na dużej patelni olej sezamowy i 1 łyżkę oleju roślinnego. Smaż wieprzowinę na średnim ogniu, cały czas mieszając, dopóki lekko nie zbrązowieje. Wyjmij z woka, przykryj, aby nie wystygła.
3 W tym samym woku rozgrzej pozostały olej roślinny, smaż cebulę, czosnek i świeży imbir, ciągle mieszając, aż cebula się zeszkli. Dodaj kapustę i paprykę, gotuj póki warzywa nie zrobią się miękkie. Dołóż marynowany imbir, wieprzowinę, makaron i sos sojowy, całość wymieszaj i podgrzej. Podawaj posypane drobno poszatkowanymi wodorostami.

SOS: Podgrzej wszystkie składniki w małym rondlu, mieszaj, aż cukier się rozpuści.

Tempura z makaronem udon

czas przygotowania: 20 minut; czas przyrządzania: 10 minut; dla 4 osób

SKŁADNIKI: › 320 g suszonego grubego makaronu *udon* › 4 szklanki *dashi* (1 l) › 1/2 szklanki japońskiego sosu sojowego (125 ml) › 1/2 szklanki *mirin* (125 ml) › 8 dużych surowych krewetek › olej roślinny do smażenia › mąka, do obtaczania › 1/4 łyżeczki mieszanki siedmiu ziół (*shichimi tōgarashi*) › 2 cebule dymki, drobno posiekane

CIASTO DO TEMPURY: › 1/2 szklanki mąki (75 g) › 1/2 szklanki mąki kukurydzianej (75 g) › 1 łyżeczka proszku do pieczenia › 1 szklanka lodowatej wody gazowanej (250 ml)

1. Gotuj makaron w dużym rondlu napełnionym wrzącą wodą bez przykrycia, aż zmięknie. Odcedź.
2. Doprowadź do wrzenia *dashi*, sos sojowy i *mirin* w średnim rondlu, zmniejsz płomień i gotuj 10 min.
3. W tym czasie obierz krewetki z pancerzyków i usuń z grzbietów przewody pokarmowe, ogonki zostawiając nietknięte. Zrób nacięcia wzdłuż spodu krewetek, aby uniknąć zwijania się skorupiaków podczas smażenia.
4. Rozgrzej olej na małej patelni. Obtocz pojedynczo krewetki w mące, strzep nadmiar, następnie zanurz w rzadkim cieście. Smaż w głębokim tłuszczu, aż lekko się przyrumienią, odsącz nadmiar oleju na papierowym ręczniku. Usmaż w ten sposób wszystkie krewetki.
5. Przed posiłkiem rozłóż makaron do misek, na wierzchu ułóż dwie krewetki, zalej bulionem, przypraw mieszanką siedmiu ziół. Posyp cebulą.

CIASTO DO TEMPURY: Zmieszaj obie mąki, proszek do pieczenia i wodę gazowaną w średniej misce.
Nie przesadzaj z mieszaniem, ciasto powinno być nieco grudkowate.

Kotlety wieprzowe w panierce (tonkatsu)

czas przygotowania: 15 minut + czas namaczania; czas przyrządzania: 15 minut; dla 4 osób

SKŁADNIKI: › 4 kotlety wieprzowe (600 g) › 1/4 szklanki mąki (35 g) › 2 jajka, lekko roztrzepane › 2 łyżeczki wody › 2 szklanki japońskiej bułki tartej (100 g) › 6 szklanek kapusty (300 g), drobno poszatkowanej › olej roślinny, do smażenia w głębokim tłuszczu › 1 cytryna, pokrojona w ósemki › 3 łyżeczki japońskiej musztardy
SOS TONKATSU: 1 łyżka japońskiego sosu worcestershire › 1/3 szklanki sosu pomidorowego (80 ml) › 1 łyżeczka japońskiego sosu sojowego › 2 łyżeczki sake › 1 łyżeczka japońskiej musztardy

1. Rozbij delikatnie mięso tłuczkiem. Obtocz w mące, strząśnij jej nadmiar.
2. Zanurz kotlety w jajku wymieszanym z wodą, a następnie obtocz w bułce tartej.
3. Zalej kapustę zimną wodą i pozostaw na 5 min, by stała się chrupka. Odsącz.
4. W średnim rondlu rozgrzej tyle oleju, by przykrył kotlety. Smaż ok. 5 min partiami, odwracając od czasu do czasu. W trakcie usuwaj spalone okruszki.
5. Osącz kotlety na ręczniku papierowym. Pokrój je w ukośne paski o szerokości 2 cm. Ułóż kapustę na talerzu, na którym podasz danie. Obok umieść paski mięsa tak, by wydawało się, że kotlet pozostał w całości. Podawaj z ósemkami cytryny, musztardą i sosem *tonkatsu*.

SOS TONKATSU: Wymieszaj składniki w rondelku, zagotuj. Lekko ubij, zdejmij z ognia i odstaw do ostygnięcia.

Smażone pierogi (gyoza)

czas przygotowania: 20 minut + czas chłodzenia;
czas przyrządzania: 10 minut; 50 pierogów

SKŁADNIKI: › 300 g mielonej wieprzowiny › 2 łyżki japońskiego sosu sojowego › 1/4 łyżeczki białego pieprzu › 1 łyżeczka cukru › 1 łyżka sake › 1 jajko, lekko roztrzepane › 2 łyżeczki oleju sezamowego › 6 1/2 szklanki kapusty (325 g), drobno poszatkowanej › 4 cebule dymki, drobno posiekane › gotowe ciasto na pierogi *gyoza* (50 kółek) › 1 łyżka oleju roślinnego

1. Wymieszaj mięso, sos sojowy, pieprz, cukier, sake, jajko, olej sezamowy, kapustę i cebulę w średniej misce. Wstaw do lodówki na godzinę.
2. Zwilż połowę brzegu kółka z ciasta. Umieść czubatą łyżeczkę nadzienia na środku kółka. Zrób zakładki na zwilżonej części, dociśnij mocno drugą połowę. W taki sam sposób przygotuj pozostałe pierogi.
3. Wlej na dno dużej patelni wodę, zagotuj. Wkładaj partiami pierogi, zmniejsz płomień i podgrzewaj pod przykryciem 3 min. Wyjmij łyżką cedzakową, osącz. Umyj patelnię.
4. Rozgrzej olej na tej samej patelni, smaż pierogi partiami płaską stroną do dołu, aż się przyrumienią.

Smażona wieprzowina z kapustą pekińską

czas przygotowania: 15 minut + czas marynowania; czas przyrządzania: 10 minut; dla 4 osób

SKŁADNIKI: › 1 łyżeczka cukru › 2 łyżki sake › 1/4 szklanki japońskiego sosu sojowego (60 ml) › 1 łyżeczka świeżego imbiru, startego › 400 g polędwiczki wieprzowej › 8 liści kapusty pekińskiej › 2 łyżki oleju roślinnego › 3 łyżeczki świeżego soku z imbiru

1. W średniej misce wymieszaj cukier, sake, sos sojowy i starty imbir. Mieszaj, aż cukier się rozpuści.
2. Pokrój mięso na 5-centymetrowe kawałki, a następnie każdy z nich na cienkie paski. Włóż do marynaty, odstaw na 10 min (jeśli będziesz marynować je dłużej niż 10 min, zacznie być twarde). Odsącz nad miską, marynatę zachowaj.
3. W międzyczasie usuń białe sztywne części kapusty, pokrój liście na 4-centymetrowe kwadraty.
4. Rozgrzej olej na dużej patelni lub w woku, smaż mięso na dużym ogniu, mieszając, 3 min. Dodaj kapustę, zachowaną marynatę i sok z imbiru. Podgrzewaj, aż potrawa będzie ciepła. Podawaj z ryżem ugotowanym na parze.

Szaszłyk z kurczaka z przyprawami (yakitori)

czas przygotowania: 20 minut; czas przyrządzania: 15 minut + czas chłodzenia; dla 4 osób

SKŁADNIKI: › 500 g filetów z piersi lub udek kurczaka, pokrojonych na 2,5-centymetrowe kawałki › 1 średnia czerwona papryka (200 g), grubo pokrojona › 4 świeże grzyby shiitake, bez nóżek, przekrojone na pół › 6 grubych cebul dymek, oczyszczonych i pokrojonych na 2,5-centymetrowe kawałki › 1/4 łyżeczki pieprzu *sansho*
SOS: › 1/2 szklanki japońskiego sosu sojowego (125 ml) › 1/2 szklanki sake (125 ml) › 1/4 szklanki *mirin* › 2 łyżki cukru

1 Nadziej kawałki kurczaka i papryki na 8 bambusowych patyczków, pozostawiając odstępy, by piekły się równomiernie .
2 Piecz partiami na ruszcie, od czasu do czasu odwracając i smarując sosem, aż szaszłyki będą miękkie w środku i przyrumienione z zewnatrz.
3 Przed podaniem posyp pieprzem *sansho*.

SOS: Wymieszaj składniki w niewielkim rondelku, zagotuj. Zmniejsz płomień i podgrzewaj bez przykrycia, aż sos zmniejszy objętość o 1/3. Pozostaw do ostygnięcia.

Yosenabe

czas przygotowania: 20 minut + czas oczekiwania; czas przyrządzania: 10 minut; dla 4 osób

SKŁADNIKI: › 30 g makaronu suszonego *harusame* › 8 świeżych grzybów shiitake › 8 średnich krewetek surowych (200 g) › 8 średnich małży › 300 g sprasowanego tofu › 200 g filetów z piersi kurczaka, pokrojonych na kawałki 5-centymetrowe › 200 g wieprzowiny, cienko pokrojonej › 200 g filetów z białej ryby, pokrojonych na 5-centymetrowe kawałki › 8 średnich ostryg › 8 przegrzebków › 2 średnie marchewki (240 g), pokrojone wzdłuż na plastry › 2 średnie pory (700 g), pokrojone na plasterki › 4 liście kapusty pekińskiej › 4 szklanki *dashi* (1 l) › 2 łyżki japońskiego sosu sojowego › 2 łyżki *mirin* › 2 łyżki sake › 4 cebule dymki, drobno pokrojone › 1/2 szklanki *momiji oroshi* lub rzodkwi *daikon* (120 g), drobno startej i dobrze odsączonej › 1 porcja sosu *ponzu*

1. Makaron umieść w żaroodpornej misce, zalej wrzątkiem, odcedź.
2. Odetnij trzonki grzybów, na szczycie kapeluszy zrób dwa prostopadłe nacięcia. Obierz krewetki z pancerzyków, usuń z grzbietów przewody pokarmowe, zostawiając ogonki. Usuń włókniste wąsy małż. Tofu pokrój w kostkę.
3. Ułóż na półmisku mięsa, owoce morza, warzywa i tofu.
4. *Dashi*, sos sojowy, *mirin* i sake zagotuj w naczyniu żaroodpornym.
5. Składniki włóż do bulionu, gotuj na małym ogniu, aż będą gotowe. Powtórz czynność z pozostałymi składnikami. Gdy trzeba, dolej dodatkowe *dashi* lub wodę. Przygotuj miseczki dla każdego: na pokrojoną cebulę, czerwony klon z rzodkwi, nalej sosu *ponzu*, tak aby kopiec wystawał znacznie nad jego powierzchnię.

WSKAZÓWKA: Na czerwony klon z rzodkwi, czyli *momiji oroshi*, zetrzyj 4 suszone papryczki chili i rzodkwie *daikon*. Wydrąż pałeczką cztery dziurki w obranej rzodkwi *daikon*. Usuń gniazdo nasienne chili, wypełnij nimi dziurki. Zetrzyj rzodkiew nafaszerowaną chili na ostrej tarce. Odsącz nadmiar płynu. Uformuj całość w małe kopce i ułóż na brzegu półmiska lub w centrum miski z sosem do maczania.

Shabu-shabu

czas przygotowania: 20 minut; czas przyrządzania: 10 minut; dla 4 osób

SKŁADNIKI: › 400 g odcedzonego makaronu *shirataki* › 12 świeżych grzybów shiitake › 600 g polędwicy wołowej w plasterkach › 300 g zwartego tofu, sprasowanego, pokrojonego w kostkę › 4 pory, przepołowione wzdłuż, pokrojone ukośnie na 2-centymetrowe plastry › 6 liści poszatkowanej kapusty chińskiej › 100 g pędów bambusa, pokrojonych na plasterki › 12 kawałków dekoracyjnego pszennego glutenu (*fu*) › 1 sos *ponzu* › $^1/_2$ szklanki czerwonego klonu z rzodkwi (*momiji oroshi*) lub rzodkwi *diakon*, drobno startej, dokładnie odsączonej › 4 zielone cebule, drobno posiekane › arkusz brunatnicy *konbu* (10 cm), pokrojony na 4 równe kawałki › 6 szklanek wody lub *dashi* ($1^1/_2$ l)

1. Opłucz makaron pod gorącą wodą, odcedź. Pokrój na kawałki długości 20 cm.
2. Odetnij trzonki grzybów, na szczycie kapeluszy zrób dwa prostopadłe nacięcia. Ułóż na półmisku wołowinę, warzywa i dekoracyjny gluten.
3. W miseczkach przygotuj sos *ponzu*, czerwony klon z rzodkwi oraz cebulę.
4. Zrób kilka nacięć na brzegach wodorostów, aby uwolnić aromat. Umieść w żaroodpornym naczyniu lub garnku o objętości 2 l, dolej 1,125 l wody lub *dashi*, zagotuj. Wyjmij wodorosty zanim woda zacznie wrzeć, zmniejsz płomień i gotuj przez 4 min.
5. Wrzuć kombinację przygotowanych składników do bulionu. Gdy się ugotują, wyjmij mięso oraz warzywa i namocz je w *ponzu*. Ugotuj pozostałe składniki. Oczyść powierzchnię bulionu z pływających odpadków.

Sukiyaki

czas przygotowania: 20 minut; czas przyrządzania: 10 minut; dla 4 osób

SKŁADNIKI: › 400 g świeżego makaronu *shirataki*, odsączonego › 8 świeżych grzybów shiitake › 600 g rumsztyku wołowego › 4 cebule dymki, drobno posiekane › 300 g szpinaku, oczyszczonego, grubo pokrojonego › 125 g pędów bambusa w puszce, odsączonych › 200 g zwartego tofu, sprasowanego, pokrojonego w 2-centymetrowe kostki › 4 jajka

BULION: › 1 szklanka japońskiego sosu sojowego (250 ml) › 1/2 szklanki sake (125 ml) › 1/2 szklanki *mirin* (125 ml) › 1/2 szklanki wody (125 ml) › 1/2 szklanki cukru pudru (110 g)

1 Opłucz makaron pod gorącą wodą, odcedź. Pokrój na kawałki długości 15 cm.
2 Odetnij trzonki grzybów, na szczycie kapeluszy natnij krzyżyk.
3 Oczyść wołowinę z tłuszczu, pokrój na plastry. Zachowaj nieco tłuszczu wołowego do natłuszczenia patelni do *sukiyaki*. Ułóż składniki na półmisku. Bulion przelej do średniej miski. Wbij jajka do miseczek, lekko roztrzep.
4 Rozgrzej natłuszczoną patelnię do *sukiyaki* na przenośnej kuchence gazowej ustawionej na stole. Usmaż 1/4 przygotowanych plastrów wołowiny. Dodaj 1/4 warzyw, tofu, makaronu i bulionu.
5 Systematycznie dodawaj kolejne porcje składników i bulionu. Kęsy przed zjedzeniem należy zanurzać w roztrzepanym jajku.

BULION: W średnim rondlu zmieszaj składniki, gotuj, ciągle mieszając, aż cukier się rozpuści.

Tempura z warzywami

czas przygotowania: 20 minut; czas przyrządzania: 20 minut; dla 4 osób

SKŁADNIKI: › 1 średnia cebula (150 g) › 1 korzeń lotosu (200 g) › 8 świeżych grzybów shiitake › 2 arkusze prażonych wodorostów *yaki-nori* › 20 g makaronu *harusame* › olej roślinny › mąka do obtaczania › 120 g dyni, pokrojonej na plasterki › 50 g zielonej fasolki, przepołowionej › 1 słodki ziemniak *kumara* (250 g), pokrojony na plasterki › 1 bakłażan (60 g), pokrojony na plasterki › 1 czerwona papryka (150 g), bez gniazda nasiennego, pokrojona w kostkę › 1 marchewka (120 g), pokrojona ukośnie na plasterki › 250 g tofu, sprasowanego, pokrojonego w 2-centymetrową kostkę › 1 cytryna, pokrojona w ósemki

CIASTO DO TEMPURY: › 1 jajko, lekko roztrzepane › 2 szklanki lodowatej wody gazowanej (500 ml) › 1 szklanka mąki (150g) › 1 szklanka mąki kukurydzianej (150g)

SOS: › 1 szklanka *dashi* (250 ml) › 1/3 szklanki *mirin* (80 ml) › 1/3 szklanki jasnego sosu sojowego (80 ml) › 1/2 szklanki startej rzodkwi *daikon* (120 ml) › 3 łyżeczki startego imbiru

1 Przepołów pionowo cebulę. Wetknij wykałaczki w regularnych odstępach, pokrój na plasterki.

2 Obierz korzeń lotosu, pokrój na plasterki. Umieść w wodzie z dodatkiem octu. Jeśli używasz puszkowanego lotosu – odsącz i pokrój na plasterki. Odetnij trzonki grzybów, na szczycie kapeluszy natnij krzyżyk.

3 Pokrój jeden arkusz *yaki-nori* na 5-centymetrowe kwadratowe kawałki, drugi zaś przepołów i pokrój na paski szerokości 2 cm. Zwilż paski wodą i owiń ciasno wokół 10 nitek makaronu, na jednym z końców lub na środku. Odłóż pęczki makaronu.

4 Rozgrzej olej do temperatury 170 °C. Obtocz składniki w mące, z wyjątkiem kawałków *yaki-nori*. Zanurz składniki, również kwadraty z wodorostów, w cieście, odsącz nadmiar i smaż partiami w głębokim tłuszczu, do zezłocenia. Odsącz z oleju. Odczekaj zanim zaczniesz smażyć kolejną partię składników, aby olej miał czas się rozgrzać.

5 Smaż w głębokim tłuszczu odłożone wcześniej pęczki makaronu i serwuj jako przybranie wspólnie z pozostałymi składnikami.

6 Podawaj z dodatkiem ósemek cytryny i miseczkami z podgrzanym sosem do maczania.

CIASTO DO TEMPURY: W misce wymieszaj jajko z zimną wodą. Dodaj przesianą mąkę i mieszaj delikatnie, aż składniki się połączą, ale masa pozostanie grudkowata.

SOS: W średnim rondlu wymieszaj *dashi*, *mirin* i sos sojowy, lekko podgrzej. Rozlej do 4 miseczek. Uformuj ze startej rzodkwi małe piramidki na środku miseczek, udekoruj imbirem.

Tempura z owoców morza

czas przygotowania: 20 minut; czas przyrządzania: 20 minut; dla 4 osób

SKŁADNIKI: › 12 średnich surowych krewetek (300 g) › 2 oczyszczone kalmary (180 g) › 2 średnie brązowe cebule (300 g) › 8 świeżych grzybów shiitake lub dużych pieczarek › 2 arkusze prażonych wodorostów (*yaki-nori*) › 20 g suszonego makaronu pszennego (*somen*), przepołowionego › olej roślinny, do smażenia w głębokim tłuszczu › 12 przegrzebków › 300 g cienkich filetów białej ryby, pokrojonych w 3-centymetrową kostkę › 1 mała czerwona papryka, pozbawiona gniazd nasiennych (150 g), pokrojona w 3-centymetrową kostkę › mąka, do obtoczenia › rzadkie ciasto do tempury › 1 cytryna, pokrojona w ósemki › sos do maczania

1 Obierz krewetki z pancerzyków, usuń z grzbietów przewody pokarmowe, ogonki zostawiając nietknięte. Zrób 3 małe poprzeczne nacięcia na spodzie krewetki, głębokie na połowę grubości skorupiaków, aby nie zwijały się podczas smażenia. Natnij krewetki od strony ogonka, delikatnie przyciśnij, usuwając płyn, by olej nie skwierczał podczas smażenia.

2 Rurki kalmarów rozetnij wzdłuż, rozłóż na desce wewnętrzną stroną do góry i natnij w drobną kratkę, następnie pokrój w paski lub na duże kwadratowe kawałki.

3 Przepołów pionowo cebulę. Wetknij od wierzchu wykałaczki w regularnych odstępach, aby krążki cebuli się nie rozleciały, następnie pokrój między wykałaczkami na plasterki. Odetnij trzonki grzybów, na szczycie kapeluszy natnij krzyżyk.

4 Pokrój jeden arkusz *yaki-nori* na 5-centymetrowe kwadratowe kawałki, drugi zaś przepołów i pokrój na paski o szerokości 2 cm. Zwilż paski wodą i owiń ciasno wokół ok. 10 nitek makaronu, na jednym z końców lub na środku. Odłóż pęczki makaronu.

5 Rozgrzej olej do temperatury 170°C. Obtocz owoce morzaw mące, z wyjątkiem kwadratowych kawałków *yaki-nori*, strzep nadmiar. Zanurz wszystkie składniki, również wodorosty, w rzadkim cieście, odsącz. Smaż partiami w głębokim tłuszczu, aż staną się złociste. Odsącz z oleju. Odczekaj zanim zaczniesz smażyć kolejną partię, aby olej miał czas się rozgrzać.

6 Podawaj natychmiast po przygotowaniu z dodatkiem ósemek cytryny i miseczkami z podgrzanym sosem do maczania, dla każdego osobno.

Grillowane rozmaitości (teppanyaki)

czas przygotowania: 20 minut + czas marynowania; czas przyrządzania: 20 minut; dla 4 osób

SKŁADNIKI: › 4 duże surowe krewetki (200 g) › 2 ząbki czosnku, zmiażdżone › 1/4 szklanki japońskiego sosu sojowego (60 ml) › 1 mała czerwona papryczka chili, pozbawiona pestek, drobno posiekana › 350 g filetów z piersi kurczaka, ze skórą, pokrojonych na 5-centymetrowe kawałki › 500 g polędwicy wołowej, pokrojonej na cienkie plasterki › 4 świeże grzyby shiitake › 1 średnia brązowa cebula (150 g), pokrojona na cienkie plasterki › 50 g śnieżnego groszku, oczyszczonego › 1 średnia czerwona papryka (200 g), bez gniazda nasiennego, grubo pokrojona › 4 cebule dymki, drobno posiekane

SOS: › 1/2 szklanki japońskiego sosu sojowego (125 ml) › 1 łyżka *mirin* › 1 łyżka brązowego cukru › 1 łyżka startego świeżego imbiru › 1/2 łyżeczki oleju sezamowego

1 Obierz krewetki z pancerzyków, usuń z grzbietów przewody pokarmowe, ogonki zostawiając nietknięte. Zmieszaj w średniej misce czosnek, sos sojowy i chili. Włóż krewetki, kurczaka i wołowinę, wymieszaj, pozostaw na 15 min.

2 Odetnij trzonki grzybów, na szczycie kapeluszy natnij krzyżyk.

3 Smaż składniki, z wyjątkiem cebuli dymki, partiami na rozgrzanym, natłuszczonym ruszcie, aż warzywa zmiękną, a krewetki, wołowina i kurczak będę takie, jak lubisz.

4 Podawaj z dodatkiem sosu do maczania w miseczkach. Udekoruj cebulą.

SOS: Wymieszaj składniki w średnim rondlu. Gotuj, mieszając, aż cukier się rozpuści.

Dynia
w słodkim sosie sojowym

czas przygotowania: 10 minut; czas przyrządzania: 15 minut; dla 4 osób

SKŁADNIKI: › 500 g dyni, nieobranej ze skóry › $1^1/_2$ szklanki *dashi* (375 ml) › $1^1/_2$ łyżki cukru › 2 łyżki *mirin* › 1 łyżka japońskiego sosu sojowego

1. Pokrój dynie na 5-centymetrowe kawałki, usuń nasiona. Odkrój skórę w kilku miejscach, nadając powierzchni cętkowany wygląd i ułatwiając wchłanianie bulionu.
2. Umieść dynię w średnim rondlu, stroną ze skórą do dołu, dodaj *dashi*, cukier i *mirin*. Zagotuj, zmniejsz płomień i gotuj pod przykryciem 5 min, po 2 min odwróć kawałki dyni.
3. Dolej sos sojowy, gotuj 8 min, aż dynia zmięknie. Po 4 min odwróć kawałki. Zdejmij z ognia. Nałóż do misek. Podawaj na gorąco lub w temperaturze pokojowej, z dodatkiem odrobiny sosu.

Sałatka z marchewki i rzodkwi daikon

czas przygotowania: 15 minut + czas namaczania; dla 4 osób

SKŁADNIKI: › $1\frac{1}{2}$ szklanki rzodkwi *daikon* (360 g), drobno posiekanej › 2 średnie marchewki (240 g), przepołowione, drobno poszatkowane › 4 liście zielonej japońskiej mięty (*shiso*) › 1 łyżka skórki cytrynowej, drobno posiekanej › 1 łyżeczka czarnego sezamu › $\frac{1}{3}$ szklanki octu do sushi (80 ml)

1. Umieść rzodkiew *daikon* i marchewkę w średnich miskach, zalej lodowatą wodą, pozostaw na 15 min, odcedź.
2. Połóż liście mięty jeden na drugim, zroluj i pokrój w paseczki.
3. Wymieszaj rzodkiew, marchewkę i miętę, posyp nasionami sezamu i skórką cytrynową. Rozlej ocet do sushi do dodatkowych miseczek.

Gotowana zielona fasolka

czas przygotowania: 5 minut; czas przyrządzania: 5 minut; dla 4 osób

SKŁADNIKI: › 250 g zielonej fasolki, oczyszczonej, pokrojonej w kawałki długości 5 cm › 1 1/2 szklanki *dashi* (375 ml) › 2 łyżki japońskiego sosu sojowego › 2 łyżki sake › 2 łyżeczki suszonych płatków bonito (*katsuobushi*)

1 Wymieszaj w średnim rondlu fasolkę, *dashi*, sos sojowy i sake, przykryj i doprowadź do wrzenia. Zmniejsz płomień i gotuj na małym ogniu, aż fasolka zmięknie. Odcedź nad miską, wywar zachowaj.
2 Uformuj fasolkę w kształt piramidki w miskach, polej odrobiną odstawionego wywaru. Posyp płatkami bonito. Potrawę możesz podawać gorącą, w temperaturze pokojowej, bądź schłodzoną.

Sałatka pięć kolorów

czas przygotowania: 20 minut + czas namaczania; czas przyrządzania: 10 minut; dla 4 osób

SKŁADNIKI: › 6 suszonych grzybów shiitake › kawałek rzodkwi *daikon* (6 cm dł. i 5 cm śr.) (120 g), obrany, pokrojony wzdłuż na plasterki › 1 średnia marchewka (120 g), pokrojona wzdłuż na plasterki › 115 g zielonej fasolki, pokrojonej wzdłuż na 4-centymetrowe kawałki › 8 suszonych moreli, pokrojonych w plasterki › 1 łyżeczka drobno posiekanej skórki cytrynowej

SOS: › 200 g zwartego tofu › 2 łyżki *tahini* › 2 łyżeczki cukru › 2 łyżeczki japońskiego sosu sojowego › 1 łyżka octu ryżowego › 1 łyżka *mirin*

1 Grzyby włóż do żaroodpornej miski, zalej wrzątkiem, odstaw na 20 min, odcedź. Usuń trzonki, kapelusze pokrój na cienkie paseczki.

2 Ugotuj w wodzie, na parze lub w mikrofalówce *daikon*, marchewkę i fasolkę, oddzielnie, aż warzywa zmiękną. Odcedź i opłucz pod zimną wodą, odcedź.

3 Wymieszaj morele i warzywa w średniej misce.

4 Przed samym podaniem polej sałatkę dressingiem i wymieszaj. Nałóż do misek, uformuj w kopczyk, udekoruj skórką cytrynową.

SOS: Sprasuj tofu między dwoma obciążonymi deskami do krojenia, odstaw na 25 min. Zmiksuj w blenderze, aż powstanie gładka masa, przełóż do miski. Dodaj *tahiti* i pozostałe składniki, mieszaj, aż cukier się rozpuści.

Sałatka z krewetek, ogórka i suszonych wodorostów wakame

czas przygotowania: 20 minut + czas oczekiwania; czas przyrządzania: 2 minuty + czas chłodzenia; dla 4 osób

SKŁADNIKI: › 1 libański ogórek (130 g) › $1/2$ łyżeczki soli › 4 średnie krewetki (100 g) gotowane › 10 g suszonych wodorostów (*wakame*) › 2-centymetrowy kawałek świeżego imbiru (20 g), pokrojony na cienkie plasterki

SOS: › $1/4$ szklanki octu ryżowego (60 ml) › $1\,1/2$ łyżki *dashi* › $1\,1/2$ łyżki japońskiego sosu sojowego › 3 łyżeczki cukru › $1\,1/2$ łyżki *mirin*

1. Przepołów wzdłuż ogórek, wydrąż pestki, pokrój na cienkie plasterki.
2. Umieść ogórek w małej misce, posyp solą, pozostaw na 15 min. Przełóż na sitko, opłucz pod zimną wodą, odcedź i osusz papierowym ręcznikiem. Obierz krewetki z pancerzyków, usuń z grzbietów przewody pokarmowe, przepołów wzdłuż. Włóż do średniej miski razem z 1 łyżką dressingu, odstaw na 10 min, dodaj ogórka.
3. W tym czasie umieść *wakame* w niewielkiej misce, zalej zimną wodą, pozostaw na 5 min, aż wodorosty zmiękną, odcedź. Dodaj do miski z ogórkiem, krewetkami, imbirem i pozostałym dressingiem, delikatnie wymieszaj. Rozłóż do misek.

SOS: Wymieszaj wszystkie składniki w rondlu, doprowadź do wrzenia. Zmniejsz płomień i gotuj, mieszając, aż cukier się rozpuści. Zdejmij z ognia i ostudź.

Sałatka z kraba i makaronu z imbirem

czas przygotowania: 15 minut; czas przyrządzania: 10 minut; dla 4 osób

SKŁADNIKI: › 250 g suszonego makaronu *soba* › 1/4 szklanki mięsa gotowanego kraba (100 g), pokrojonego na kawałki › 1 szklanka kiełków śnieżnego groszku (50 g), oczyszczonych › 1/2 szklanki kiełków fasoli (40 g) › 6 cebul dymek, drobno posiekanych › 1 łyżka prażonego białego sezamu › 2 łyżeczki prażonego białego sezamu, dodatkowo › 1 cebula dymka, drobno posiekana, dodatkowo › 1 łyżka drobno pokrojonego czerwonego marynowanego imbiru (*beni-shōga*)

SOS: › 1/3 szklanki oleju roślinnego (80 ml) › 1/3 szklanki octu ryżowego (80 ml) › 2 łyżeczki japońskiego sosu sojowego › 1 łyżeczka cukru › 1/2 łyżeczki oleju sezamowego

1 W dużym rondlu z wrzątkiem gotuj makaron bez przykrycia, aż zmięknie, odcedź. Opłucz pod zimną wodą, odcedź. Potnij nożyczkami na mniejsze kawałki.

2 Wymieszaj w dużej misce makaron, mięso kraba, oba rodzaje kiełków, cebulę, ziarna sezamu i dressing. Posyp dodatkowymi ziarnami sezamu. W osobnych miseczkach podaj dodatkową cebulę i marynowany imbir.

SOS: Zmieszaj składniki w naczyniu z pokrywką, wstrząsaj mocno, aż cukier się rozpuści.

Szpinak w dressingu z prażonego sezamu

czas przygotowania: 5 minut; czas przyrządzania: 15 minut; dla 4 osób

SKŁADNIKI: › $^1/_3$ szklanki białego sezamu (50 g) › 1 łyżeczka cukru › $1^1/_2$ łyżki japońskiego sosu sojowego › $^1/_4$ szklanki *dashi* (60 ml) › 600 g szpinaku

1. Praż ziarna sezamu na rozgrzanej małej patelni, bez oleju, ciągle mieszając. Kiedy lekko zbrązowieją i zaczną „strzelać", zdejmij z ognia. Odłóż 1 łyżeczkę sezamu, resztę zmiksuj w blenderze, aż powstanie gładka masa. Wymieszaj zmielony sezam z cukrem, sosem sojowym i *dashi* w zamkniętym naczyniu, potrząsaj mocno, aż cukier się rozpuści.
2. Dokładnie umyj szpinak. Zagotuj wodę w średnim rondlu, zanurz szpinak na 30 s, odcedź. Opłucz pod zimną wodą. Rozłóż na bambusowej macie do przyrządzania sushi, następnie zwiń matę, wyciskając nadmiar płynu. Nałóż na talerze.
3. Przed podaniem polej szpinak sosem. Podawaj w temperaturze pokojowej, posypany odłożonymi ziarnami sezamu.

Grillowane tofu z sezamem i szpinakowym miso

czas przygotowania: 10 minut + czas oczekiwania; czas przyrządzania: 10 minut; dla 4 osób

SKŁADNIKI: › 600 g zwartego tofu › 1/2 szklanki białego *miso* (*shiro miso*) (150 g) › 2 łyżeczki cukru › 2 łyżki *mirin* › 1/3 szklanki *dashi* (80 ml) › 2 łyżki *tahini* › 8 liści szpinaku › 1 łyżeczka skórki cytrynowej, pokrojonej na paseczki

1 Sprasuj tofu między obciążonymi deskami do krojenia, odstaw na 25 min.
2 Wymieszaj w małym rondlu *miso*, cukier, *mirin* i *dashi*, gotuj, mieszając, aż cukier się rozpuści. Dosyp *tahini*.
3 Gotuj szpinak w wodzie, na parze lub w mikrofalówce, aż zmięknie. Opłucz pod zimną wodą. Odciśnij. Zmiksuj w blenderze z połową mieszanki *miso*.
4 Pokrój tofu na grubość 2 cm, osusz papierowym ręcznikiem, ułóż na blasze i zapiekaj na rozgrzanym grillu 3 min, aż się przyrumieni. Nałóż na wierzch połowy kawałków tofu szpinakowe *miso*, drugą połowę posmaruj mieszanką *miso*. Grilluj 2 min, aż *miso* zbrązowieje. Posyp skórką cytrynową.

Smażone tofu w bulionie (age-dashi tofu)

czas przygotowania: 15 minut + czas oczekiwania; czas przyrządzania: 15 minut; dla 4 osób

SKŁADNIKI: › 300 g zwartego tofu › 2 łyżki mąki kukurydzianej › olej roślinny, do smażenia w głębokim tłuszczu › 3/4 szklanki *dashi* (180 ml) › 2 łyżki japońskiego sosu sojowego › 2 łyżki *mirin* › 2 łyżki drobno startej rzodkwi *daikon* › 1 łyżka startego świeżego imbiru › 1 cebula dymka, drobno posiekana › 2 łyżeczki suszonych płatków bonito (*katsuobushi*)

1 Sprasuj tofu między obciążonymi deskami do krojenia, odstaw na 25 min.

2 Pokrój na 8 równych kawałków, osusz papierowym ręcznikiem. Obtocz w mące kukurydzianej, strzep nadmiar. Rozgrzej olej w średnim rondlu lub na głębokiej patelni i smaż partiami, aż tofu lekko się przyrumieni.

3 Wymieszaj *dashi*, sos sojowy i *mirin* w małym rondlu, zagotuj.

4 Nałóż po dwa kawałki tofu do każdej miski, dodaj rzodkiew *daikon*, imbir i cebulę, zalej *dashi*. Udekoruj płatkami bonito.

Smażone tofu z daikon i imbirem

czas przygotowania: 10 minut + czas oczekiwania; czas przyrządzania: 10 minut; dla 4 osób

SKŁADNIKI: › 600 g zwartego tofu › 1/3 szklanki mąki (50 g) › 2 jajka, lekko roztrzepane › 1/3 szklanki czarnego sezamu (50 g) › 1/3 szklanki białego sezamu (50 g) › olej roślinny, do smażenia › 1/2 szklanki rzodkwi *daikon* (120 g), startej i dobrze odsączonej › 2 łyżeczki startego świeżego imbiru
SOS: › 1/3 szklanki *dashi* (80 ml) › 1 łyżeczka *mirin* › 1 łyżka japońskiego sosu sojowego

1 Sprasuj tofu między obciążonymi deskami do krojenia. Pozostaw na 25 min.
2 Pokrój na kostki o boku 2,5 cm. Obtocz je w mące, zanurz w jajku i obtocz w nasionach sezamu.
3 Rozgrzej olej w średnim rondlu. Smaż kostki tofu partiami w głębokim tłuszczu, aż ładnie się przyrumienią. Osączaj je na papierze lub metalowej kratce. Podawaj z podgrzanym sosem i *daikon*, przybrane imbirem.

SOS: Podgrzej, mieszając, składniki w niewielkim rondelku.

Krem jajeczny z krewetkami na parze (chawan-mushi)

czas przygotowania: 20 minut + czas oczekiwania; czas przyrządzania: 15 minut; dla 4 osób

SKŁADNIKI: › 4 średnie surowe krewetki (100 g) › 3 łyżeczki japońskiego sosu sojowego › 1 łyżeczka sake › 75 g filetów z piersi kurczaka, pokrojonych na plasterki › 1 3/4 szklanki zimnego *dashi* (430 ml) › 1 łyżka sake, dodatkowo › 4 jajka, lekko roztrzepane › 4 świeże grzyby shiitake, odcięte trzonki, kapelusze pokrojone na ćwiartki › 1/2 małej marchewki (35 g), przepołowionej, pokrojonej na plasterki › 8 liści szpinaku, zblanszowanych, grubo pokrojonych › 1 łyżka skórki cytrynowej, drobno pokrojonej

1 Obierz krewetki z pancerzyków, usuń z grzbietów przewody pokarmowe, ogonki zostawiając nietknięte. Przewody pokarmowe na grzbiecie wydrąż wykałaczką. Wlej do średniej miski 1 łyżeczkę sosu sojowego i sake, dodaj kurczaka, wymieszaj, przykryj i odstaw na 10 min.
2 Zmieszaj w średniej misce *dashi*, pozostały sos i dodatkowe sake, powoli dolej jajka. Przecedź krem jajeczny przez drobne lub muślinowe sito do dużego dzbanka.
3 Nałóż kurczaka, krewetki i warzywa do czterech kubków o objętości 3/4 szklanki (180 ml), rozlej krem jajeczny, zostawiając między górną krawędzią kubka a kremem 1 cm przerwy. Przykryj folią spożywczą.
4 Umieść luźno kubki w dużym bambusowym garnku do gotowania na parze. Garnek wstaw do woka lub rondla napełnionego wrzątkiem, zmniejsz płomień, gotuj pod przykryciem 20 min, aż krem się zetnie.
5 Zdejmij folię, połóż kubki na małych talerzykach, posyp skórką cytrynową.

Gruby omlet

czas przygotowania: 5 minut; czas przyrządzania: 10 minut + czas chłodzenia; dla 4 osób

SKŁADNIKI: › 8 jajek, lekko roztrzepanych › 1 łyżka wody lub *dashi* › 2 łyżeczki cukru › 3 łyżeczki *mirin* › 2 łyżeczki jasnego sosu sojowego › 2 łyżki oleju roślinnego › 1/3 szklanki japońskiego sosu sojowego (80 ml) › 1/4 szklanki rzodkwi *daikon* (60 g), drobno startej, dokładnie odsączonej

1 W dużej misce połącz jajka, wodę, cukier, *mirin* i jasny sos sojowy. Mieszaj, aż cukier się rozpuści.
2 Patelnię o średnicy 20 cm natłuść odrobiną oleju roślinnego i wstaw na mały płomień.
3 Nalej masy omletowej, aby zakryć dno patelni. Smaż, przechylając patelnię, żeby równomiernie rozprowadzić masę. Wygładź bąble z powietrza, a kiedy jajka będą prawie ścięte, pałeczkami lub łopatką odklej omlet od ścianek patelni.
4 Zaczynając od tyłu patelni, złóż omlet na 3 części. Przesuń ponownie na tył patelni.
5 Powtarzaj czynności dopóki nie zużyjesz całej masy omletowej.
6 Przełóż omlet na matę bambusową i zwiń ciasno, formując zwarty prostopadłościan. Odstaw do wystygnięcia, pokrój na plastry grubości 1 cm. Podawaj z japońskim sosem sojowym i rzodkwią *daikon*.

Autorzy tekstów Alina Kwapisz, Katarzyna Liwak-Rybak

Tłumaczenie przepisów Adam Wolański

Konsultant merytoryczny dr Iwona Kordzińska-Nawrocka

Projekt graficzny Artur Wąsowski

Redaktor prowadzący Elżbieta Wężyk

Redakcja Joanna Cieślewska, Agnieszka Szykuła, Piotr Zagórowski, Małgorzata Kałuża, Kamila Szymańska, Barbara Raczko

Zdjęcia Corbis, Free, BE&W, EK Pictures, East News

Druk Drukarnia Narodowa SA,
30-740 Kraków, ul. Półłanki 18, tel./fax +48 (12) 653 50 32

ISBN 978-83-89840-58-5

Indeks 240729

Źródła cytatów „Ballada o Narayamie. Opowieści niesamowite z prozy japońskiej", wybór i tłum. Blanka Yonekawa, Państwowy Instytut Wydawniczy, Warszawa 1986
Imamura Masaru i Urszula, „Ryōrika – kucharz doskonały", Watra, Warszawa 1989
Rubach-Kuczewska Janina, „Życie po japońsku", Iskry, Warszawa 1983

Pikantny naleśnik (okonomi-yoki)

czas przygotowania: 10 minut + czas oczekiwania; czas przyrządzania: 10 minut; dla 4 osób

SKŁADNIKI: › 2 szklanki mąki (300 g) › 1½ łyżeczki proszku do pieczenia › 1½ szklanki *dashi* (375 ml) › 1 jajko, lekko roztrzepane › 2 duże liście kapusty › 125 g mielonej wieprzowiny › 2 łyżki oleju roślinnego › ½ szklanki japońskiego sosu worcester (125 ml) › 2 łyżki czerwonego marynowanego imbiru (*beni-shōga*) › 1 łyżka suszonych wodorostów (*ao-nori*), poszatkowanych › ¼ szklanki suszonych płatków bonito (*katsuoboshi*) (3 g)

1 Przesiej do średniej miski mąkę i proszek do pieczenia. Stopniowo dolewaj zmieszane *dashi* i jajka, szybko mieszając, aż powstanie gładka masa. Przykryj, odstaw na 30 min.

2 Wytnij twarde części z kapusty, pozostałe liście pokrój na paski. Dodaj kapustę i wieprzowinę do rzadkiego ciasta, wymieszaj.

3 Rozgrzej ćwiartkę oleju na średniej patelni na małym ogniu. Nałóż łyżką ¼ ciasta i spłaszcz je łopatką. Kiedy pojawią się bąbelki, przewróć ciasto na drugą stronę i posmaruj sosem worcester. To samo zrób z drugą stroną. Czynność powtórz, by sos się skarmelizował na powierzchni. Zdejmij z patelni, przykryj i trzymaj cieple.
Tak samo przygotuj pozostałe naleśniki.